小学生《しょうがくせい》のまんが
言葉《ことば》の使《つか》い分《わ》け辞典《じてん》

同音異義
異字同訓
類義語
反対語

新装版《しんそうばん》

金田一秀穂●監修

Gakken

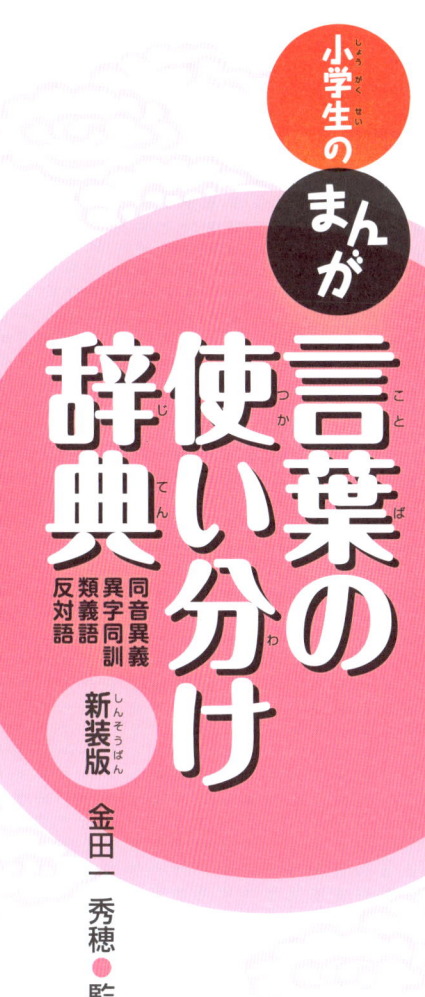

はじめに

この本《ほん》の名前《なまえ》は、使《つか》い分《わ》け「辞典《じてん》」です。使い分け「事典《じてん》」ではありませんし、使い分け「字典《じてん》」でもありません。なぜでしょう。「辞典」と「事典」と「字典」は、どうちがうのでしょうか。とてもよく似《に》ていますね。

音《おん》は同《おな》じ「じてん」です。漢字《かんじ》で書《か》くとちがってきます。そして意味《いみ》がちがいます。「辞典」はことばについて調《しら》べた本です。「事典」は、いろいろな物事《ものごと》について調べた本です。「字典」は文字《もじ》について調べた本です。だから、「国語《こくご》辞典」というし、「百科《ひゃっか》事典」と書くし、「漢字字典」というのがふつうです。

日本語《にほんご》は、意味が近《ちか》いことばだけでなく、発音《はつおん》の種類《しゅるい》が少《すく》ないので、同じ音のことばがたくさんあります。似た音のことばもたくさんあります。だから、だじゃれも作《つく》ることができます。

この辞典は、そういうことばをいっぱい集《あつ》めました。ややこしいことば、大人《おとな》でもまちがえることば、でも調べるとおもしろいことばがたくさんあります。楽《たの》しく勉強《べんきょう》してください。

金田一秀穂《きんだいちひでほ》

もくじ

この辞典《じてん》の使《つか》い方《かた》

■各章共通《かくしょうきょうつう》で使《つか》っている記号《きごう》

意味 見出《みだ》し語《ご》の意味《いみ》を説明《せつめい》しているよ！　一《ひと》つの見出し語で意味が複数《ふくすう》ある場合《ばあい》は、●をつけて区別《くべつ》しているよ！

対 見出し語と反対《はんたい》の意味をもつことばをしょうかいしているよ！

例 見出し語をどのように使《つか》うのか、例文《れいぶん》をのせているよ。見出し語については、赤字《あかじ》でわかりやすく示《しめ》しているよ！

知っとく 見出し語について、知《し》っていると役《やく》に立《た》つことや、参考《さんこう》になる知識《ちしき》をのせているよ！

■第《だい》1章《しょう》「同音異義語《どうおんいぎご》・同訓異字《どうくんいじ》」の見出し語の色《いろ》

オレンジ色は同音異義語を、青《あお》色は同訓異字を示しているよ！

■第《だい》2章《しょう》「類義語《るいぎご》」だけで使《つか》っている記号《きごう》

▲**使《つか》い分《わ》け** 見出し語の正《ただ》しい使《つか》い方《かた》を○で、まちがった使い方や、ふさわしくない使い方を×で示しているよ。また、ここでも見出し語は赤字で見《み》やすくなっているよ！

■見出し語などについている記号

◆の印《しるし》は、小学校《しょうがっこう》では習《なら》わない読《よ》み方《かた》の漢字を表《あらわ》しているよ！

▼の印は、教育漢字《きょういくかんじ》（小学校で習う漢字のこと）以外《いがい》の漢字だよ！

★の印は、熟字訓《じゅくじくん》（「明日《あす》」などのように、一字一字《いちじいちじ》の音訓《おんくん》とは関係《かんけい》なく熟語全体《じゅくごぜんたい》に訓読《くんよ》みをあてたことばのこと）を表しているよ！

おうちの方へ

ことばの使い分けを楽しく覚えるために

1　この辞典におさめてあることば

この辞典には小学校の教科書に出てくることばや、日常よく使われることばをおさめてあります。それぞれのことばは、その意味を説くとともに、それらがどのように用いられるのかを示す例文（使い方）をまんがと文で紹介し、楽しく学習できるように工夫しました。

第1章では、同音異義語・同訓異字を取り上げました。使用頻度の高いことばを優先して選んであります。

第2章では、意味の似通った類義語を取り上げました。それぞれの意味や使い分けについて、例文やイラストを使って解説してあります。

第3章では、たがいに反対の意味をもつことばの組み合わせである反対語（対義語）を取り上げました。それぞれの意味や使い方について、例文やイラストを使って解説してあります。

第4章では、漢字が同じで読み方のちがうことばを紹介しています。読み方がちがうことで異なる意味や使い方を、例文とイラストで解説してあります。

2　ならべ方

見出し語のならべ方は、第1章から第4章まで、基本的にあいうえお順（五十音順）になっています。ただし、見出し語が二つ出てくる第2章「類義語」と第3章「反対語（対義語）」では、右側の見出し語の読みに合わせてならべてあります。第4章「読み方がちがうと意味が変わることば」では、右端の読みに合わせてならべてあります。

3　書き表し方

漢字は、「常用漢字表」にしたがって示しました。送りがなは「送り仮名のつけ方」にしたがって示しました。「常用漢字表」に出ていない漢字は、特別な場合をのぞき、ひらがなで書いてあります。

4　クイズ、テストについて

各章の最後には、その章に関するクイズを、巻末には第1〜4章の内容をもう一度おさらいするテストを用意しました。学習の確かめに活用してください。

5　その他

知りたいことばを調べるときには、目次または巻末のさくいん（248〜254ページ）でさがすことができます。

第《だい》1章《しょう》

同《どう》

音《おん》異《い》義《ぎ》語《ご》・同《どう》訓《くん》異《い》字《じ》

?
日《ひ》が差《さ》しているのに
なんで、かさを
差しているんですか？
あのー
空《そら》を指《ゆび》で
指《さ》している。
花粉症《かふんしょう》
なのかー。

同音異義語・同訓異字ってなあに？

わたしはちゃんと宿題したもの。
でもさっきまでいっしょに仲《なか》よく遊《あそ》んでいたのに…。
人《ひと》の心《こころ》とこの世《よ》の中《なか》は無常《むじょう》なのよ。
うらまないでね。
どうしよう!
泣《な》くのはやめて!
ピー
ピー
ピーちゃん鳴《な》かないで!
わかったわ、手伝《てつだ》うわよ。いったいどんな宿題なの?

同音異義語《どうおんいぎご》と同訓異字《どうくんいじ》について調《しら》べるんだ。
なあんだ。それなら今《いま》使《つか》っていたじゃない。
必《ひっ》死《し》
必《ひっ》至《し》
無《む》情《じょう》
無《む》常《じょう》
同音異義語ってこれらのことなのか。
同《おな》じ音《おん》だけど意味《いみ》がちがう熟語《じゅくご》のことね。
そうかあ。
じゃあ同訓異字は？
同じ訓読《くんよ》みだけどちがう意味の漢字《かんじ》のことよ。

これらが同訓異字のことばね。
泣《な》く
鳴《な》く
なるほどー。
同音異義語も同訓異字も二《ふた》つ以上《いじょう》あるものもあるわ。
保《ほ》証《しょう》
保《ほ》障《しょう》
補《ほ》償《しょう》
上《のぼ》る
登《のぼ》る
昇《のぼ》る
へえ。
身近《みぢか》で使《つか》われることばから調べていきましょう。
うん!
部屋《へや》が静《しず》かになったな。
仲《なか》がもどったみたいね。

あう

今日《きょう》は
ミーちゃんと
公園《こうえん》で会《あ》う
約束《やくそく》をしてるんだ！
ハァ
ハァ
ぼくたちは
とても気《き》が
合《あ》うんだ。
○○公園
あっ！
ミーちゃんだ。
フーッ
ワワン
○○公園
急《きゅう》にネコに
ほえかかるから
ぼくがひどい目《め》に
遭《あ》ったじゃ
ないか。
ぼくの
かんちがい
だったみたい。
ショボン

会う・合う・遭う

会《あ》う

意味 人《ひと》と顔《かお》をあわせる。 **対** 別《わか》れる。

例 お客《きゃく》と会う。／友達《ともだち》と公園《こうえん》で会う。／三時《さんじ》に会う約束《やくそく》をする。

知っとく 「幸運《こううん》に会う」のように、できごとにであう意味《いみ》でも使《つか》う。（→下《した》の「遭《あ》う」を参照《さんしょう》）

合《あ》う

意味 ●一《ひと》つになる。同《おな》じになる。●あてはまる。つりあう。

例 意見《いけん》が合う。／答《こた》えが合う。／くつが足《あし》に合う。／割《わり》に合う。

知っとく 「助《たす》け合う・愛《あい》し合う」のように、「たがいに…する」の意《い》味《み》のときは「合う」と書《か》く。

遭《あ》う

意味 思《おも》いがけないできごとにであう。経験《けいけん》する。

例 交通事故《こうつうじこ》に遭う。／にわか雨《あめ》に遭う。／住民《じゅうみん》の反対《はんたい》に遭う。／ひどい目《め》に遭う。

知っとく ふつう、好《この》ましくないできごとにであったときに使《つか》う。

あける

明ける・空ける・開ける

夜《よ》が明《あ》けると――
コケコッコ～
ガバッ
まず窓《まど》を開《あ》ける――
今日《きょう》もいい天気《てんき》だ！
ガラッ
牛乳《ぎゅうにゅう》をコップに空《あ》ける――
ファ～ッ
ゴボゴボ
一気《いっき》に飲《の》む！
ゴクゴクッ
うまい！
これがぼくの一日《いちにち》の始《はじ》まりだ。

明《あ》ける

意味 ●朝《あさ》になって明《あか》るくなる。
対 暮《く》れる。●新《あたら》しい年《とし》になる。
対 暮《く》れる。●ある期間《きかん》が終《お》わる。
例 夜《よ》が明ける。／年が明ける。／つゆが明ける。／連休《れんきゅう》が明ける。／委員長《いいんちょう》の任期《にんき》が明ける。

空《あ》ける

意味 ●中身《なかみ》をなくして空《から》にする。●空間《くうかん》をつくる。●ひまをつくる。
例 かんづめの中身を皿《さら》に空ける。／家《いえ》を空ける。／一字《いちじ》空ける。／一時間《いちじかん》ほど空けておいてください。
知っとく 「空《くう》」には、「何《なに》もない」という意味《いみ》がある。

開《あ》ける

意味 ●戸《と》・窓《まど》などを、ひらく。
対 閉《し》める。
例 窓を開ける。／ふたを開ける。／口《くち》を大《おお》きく開ける。／十時《じゅうじ》に店《みせ》を開ける。
知っとく 「開《ひら》ける」と読《よ》むと別《べつ》の意《い》味《み》になるので注意《ちゅうい》。

あげる

上げる・挙げる・揚げる

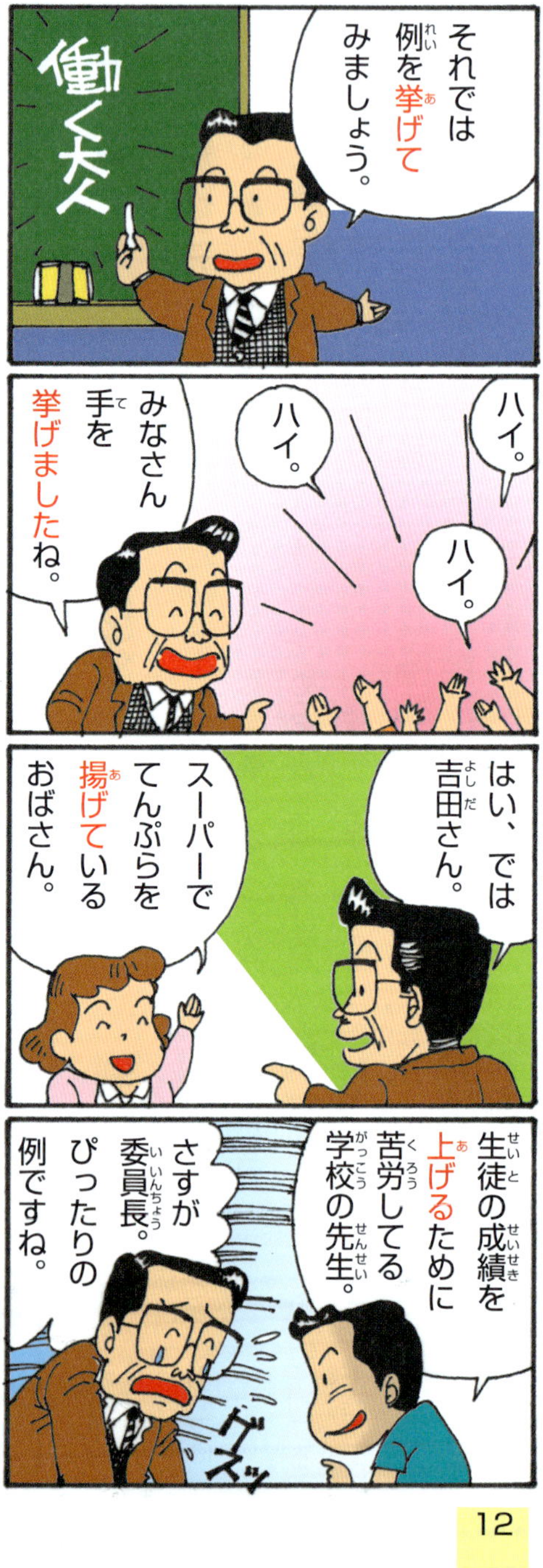

上《あ》げる

意味 ●低《ひく》い所《ところ》から高《たか》い所へもってゆく。**対** 下《お》ろす。下《さ》げる。●程度《ていど》や値打《ねう》ち・地位《ちい》などを高くする。**対** 下げる。

例 荷物《にもつ》をたなに**上げる**。／車《くるま》が速度《そくど》を**上げる**。／成績《せいせき》を**上げる**。／成果《せいか》を**上げる**。

挙《あ》げる

意味 ●多《おお》くの中《なか》から取《と》り上《あ》げて示《しめ》す。●合図《あいず》などのために、うでを上《うえ》の方《ほう》にやる。●儀式《ぎしき》を行《おこな》う。

例 例《れい》を**挙げる**。／候補者《こうほしゃ》の名《な》を**挙げる**。／賛成《さんせい》の人《ひと》は手《て》を**挙げて**ください。／二人《ふたり》はまもなく結婚式《けっこんしき》を**挙げる**。

▼揚《あ》げる

意味 ●旗《はた》などを、するすると高《たか》い所《ところ》へやる。●熱《ねっ》した油《あぶら》でにる。●船《ふね》から荷《に》をおろす。

例 国旗《こっき》を**揚げる**。／正月《しょうがつ》にたこを**揚げる**。／てんぷらを**揚げる**。／船の積《つ》み荷《に》を陸《りく》に**揚げる**。

あたたかい

暖かい・温かい

暖《あたた》かい

意味 気候《きこう》や温度《おんど》が、暑《あつ》くも寒《さむ》くもなくちょうどよいようす。

例 春《はる》には暖かい風《かぜ》がふく。／この部屋《へや》は日当《ひあ》たりがよくて暖かい。／暖かい色合《いろあ》い（＝暖かい感《かん》じのする色合い）のセーターを着《き》る。

知っとく おもに、気体《きたい》にふれて全身《ぜんしん》で感じるあたたかさについていう。

温《あたた》かい

意味 ●物《もの》の温度《おんど》が、熱《あつ》くも冷《つめ》たくもなくちょうどよいようす。**対** 冷《つめ》たい。●なさけぶかいようす。**対** 冷たい。

例 たきたての温かいご飯《はん》を食《た》べる。／お母《かあ》さんの温かい手《て》がふれる。／友人《ゆうじん》の温かい心《こころ》を感《かん》じる。

知っとく おもに、固体《こたい》や液体《えきたい》にふれたときに感じるあたたかさについていう。

あつい

この厚《あつ》い本《ほん》の中《なか》には、
感動
胸《むね》が熱《あつ》くなる話《はなし》がたくさんつまっているんだ。
パラパラ
先生《せんせい》!!
ん? どうした山田《やまだ》。
この部屋《へや》暑《あつ》いんじゃないですか?
実《じつ》は先生もなさっきからそう感《かん》じてた。

厚い・暑い・熱い

厚《あつ》い

意味 ●ある物《もの》の、一《ひと》つの面《めん》とその反対側《はんたいがわ》の面とのはなれ方《かた》が大《おお》きい。**対** 薄《うす》い。●心《こころ》がこもっている。

例 厚い本《ほん》を読《よ》む。／肉《にく》を厚く切《き》る。／選手《せんしゅ》の層《そう》が厚い。／二人《ふたり》は厚い友情《ゆうじょう》で結《むす》ばれている。

暑《あつ》い

意味 気温《きおん》が高《たか》い。**対** 寒《さむ》い。

例 今年《ことし》の夏《なつ》は暑い。／寒い地方《ちほう》から暑い地方へ移《うつ》り住《す》む。／部屋《へや》を閉《し》め切《き》っていたので暑い。／暑くなったのでセーターをぬぐ。

知っとく 気温が高いことを不快《ふかい》に感《かん》じる場合《ばあい》に使《つか》うことが多《おお》い。

熱《あつ》い

意味 ●物《もの》の温度《おんど》が高《たか》い。**対** 冷《つめ》たい。●はげしい気持《きも》ちが感《かん》じられる。

例 熱い湯《ゆ》に入《はい》って手足《てあし》をのばす。／熱い砂《すな》の上《うえ》を歩《ある》く。／胸《むね》が熱くなる話《はなし》だ。／熱い応《おう》えん合戦《がっせん》がくり広《ひろ》げられる。

あやまる

誤る・謝る

誤《あやま》る

意味 ものごとをやりそこなう。まちがえる。

例 判断《はんだん》を誤る。／計算《けいさん》を誤る。／住所《じゅうしょ》を誤って書《か》き写《うつ》す。／身《み》を誤る（＝人《ひと》としての正《ただ》しい道《みち》から外《はず》れる）。

知っとく 似《に》た意味《いみ》のことばに「◆過《あやま》つ」がある。「過つ」には、「しそこなう」のほかに「まちがって罪《つみ》を犯《おか》す」という意味もある。「道を過つ。」

◆謝《あやま》る

意味 許《ゆる》してくれるようにたのむ。わびる。

例 自分《じぶん》が悪《わる》いと思《おも》ったら、すなおに謝る。／失礼《しつれい》なことをしたと、相手《あいて》に謝る。

知っとく 「謝《しゃ》」には、「わびる」のほかに「ありがたく思う。お礼《れい》。」の意味《いみ》もある。

▼わびる…謝罪《しゃざい》・陳謝《ちんしゃ》

▼お礼…感謝《かんしゃ》・謝礼《しゃれい》・月謝《げっしゃ》・謝恩会《しゃおんかい》

あらわす

表す・現す・著す

0歳《さい》で喜《よろこ》びを表情《ひょうじょう》に表《あらわ》す。
まあ、この子《こ》ったらもう笑《わら》ってる。
キャッ キャッ
3歳《さい》のとき保育園《ほいくえん》で頭角《とうかく》を現《あらわ》す。
ぼくがリーダーだぞ！
いいよ。
15歳《さい》のとき小説《しょうせつ》を著《あらわ》し、またたく間《ま》にベストセラーになる。
天才《てんさい》だ！すえおそろしい!!
今《いま》は何《なに》をされているんですか？
おタクでフリーターやってます。
大人《おとな》になったらただの人《ひと》に…。

表《あらわ》す

意味 心《こころ》の中《なか》にあるものや内容《ないよう》などを、ある形《かたち》にして示《しめ》す。

例 喜《よろこ》びをことばで表す。／感謝《かんしゃ》の気持《きも》ちを表す。／実験《じっけん》の結果《けっか》をグラフに表す。

知っとく 「表現《ひょうげん》する」と言《い》いかえられるときは「表す」と書《か》く。

現《あらわ》す

意味 今《いま》まで見《み》えなかったものが、姿《すがた》を見《み》せる。

例 木《き》のかげから男《おとこ》が姿を現す。／五歳《ごさい》のころから音楽《おんがく》の才能《さいのう》を現す。／ついに正体《しょうたい》を現す。

知っとく 「出現《しゅつげん》する」と言《い》いかえられるときは「現す」と書《か》く。

◆著《あらわ》す

意味 文章《ぶんしょう》を書《か》き、本《ほん》にして世《よ》の中《なか》に出《だ》す。

例 書物《しょもつ》を著す。／研究《けんきゅう》の成果《せいか》を本に著す。／作家《さっか》が自伝《じでん》（＝自分《じぶん》で書いた自分の伝記《でんき》）を著す。

知っとく 「著す」と関連《かんれん》のあることば——著者《ちょしゃ》・著作《ちょさく》・著書《ちょしょ》。

いがい

うわ〜
すごい!!
これは
きみと
ぼく以外《いがい》
だれも
知《し》らない
秘密《ひみつ》
だからね。
うん、絶対《ぜったい》
しゃべらないよ。
ねえ
ものすごい
でべそ
なんだって?
見《み》せて
見せて!!
あっ
えっ
?
ぼくじゃ
ないよ。
意外《いがい》に口《くち》の軽《かる》い
友《とも》だった。

以外・意外

以外《いがい》

意味 それよりほか。それをのぞいたほかのもの。

例 セロリ以外ならどんな野菜《やさい》も食《た》べられる。／関係者《かんけいしゃ》以外の入室《にゅうしつ》を禁止《きんし》する。／指定《してい》された日《ひ》以外は、ごみを出《だ》してはいけない。

「以内《いない》」は、
反対語《はんたいご》では
ないよ。

意外《いがい》

意味 思《おも》っていたことと実際《じっさい》とが、ひどくちがうようす。思いのほか。

例 試合《しあい》は意外な結果《けっか》に終《お》わった。／南《みなみ》の国《くに》だが、意外にすずしい。／兄《あに》の意外な一面《いちめん》を見《み》た。

知っとく ▼「意外」の「意《い》」は、「心《こころ》に思うこと」の意味《いみ》を表《あらわ》す。「意中《いちゅう》・決意《けつい》・好意《こうい》」などでも同《おな》じ。
▼似《に》た意味のことばに「案外《あんがい》」がある。(↓P135参照《さんしょう》)

いぎ

異議・異義・意義

・異《い》議《ぎ》を唱《とな》える
反対意見《はんたいいけん》という意味《いみ》の異議《いぎ》と…
・異《い》議《ぎ》を唱《とな》える
・参《さん》加《か》することに意《い》義《ぎ》がある
価値《かち》という意味の意義《いぎ》。
・同《どう》音《おん》異《い》義《ぎ》語《ご》
読《よ》みの音《おん》が同《おな》じで意味のちがうこれらを同音《どうおん》異義《いぎ》語《ご》とよびます。
その説明《せつめい》に異議なし！
ホッ!!

異議《いぎ》

意味 ある考《かんが》えとちがった考えや意見《いけん》。とくに不服《ふふく》とする反対意見《はんたいいけん》。

例 みんなが賛成《さんせい》した意見に異議を唱《とな》える。／役所《やくしょ》の決定《けってい》に異議を申《もう》し立《た》てる。

知っとく 似《に》た意味《いみ》のことばに「異論《いろん》」・「異存《いぞん》」がある。

異義《いぎ》

意味 ことばのちがった意味《いみ》。「同音異義《どうおんいぎ》（＝読《よ》みの音《おん》が同《おな》じで意味がちがうこと）」として多《おお》く使《つか》う。**対** 同義《どうぎ》。

例 「以外《いがい》」と「意外《いがい》」は同音異義だ。／習《なら》った同音《どうおん》異義語《ご》を正《ただ》しく使う。

意義《いぎ》

意味 ものごとの値打《ねう》ち。価値《かち》。

例 スポーツは、勝《か》ち負《ま》けより参加《さんか》することに意義がある。／学《まな》んだことを実行《じっこう》してこそ意義がある。／美化運動《びかうんどう》の社会的《しゃかいてき》な意義について考《かんが》える。

いし

意志・意思・遺志

意志《いし》

意味 あることをやりとげようとする心《こころ》。

例 強《つよ》い意志《いし》をもって難工事《なんこうじ》にいどむ。／一度《いちど》の失敗《しっぱい》であきらめるような意志の弱《よわ》いことではだめだ。

知っとく 「意思《いし》」よりも積極的《せっきょくてき》な意《い》味合《みあ》いが強い。

意思《いし》

意味 考《かんが》え。思《おも》っていること。

例 話《はな》し合《あ》って相手《あいて》の意思を確《たし》かめる。／工事《こうじ》に反対《はんたい》の意思を示《しめ》す。／不注意《ふちゅうい》による事故《じこ》で、人《ひと》を傷《きず》つける意思はなかった。

知っとく 法律《ほうりつ》では、「意志《いし》」は使《つか》わず、もっぱら「意思」を使う。

遺志《いし》

意味 死《し》んだ人《ひと》が生《い》きていたときにもっていたこころざし。

例 父《ちち》の遺志をついで、山村《さんそん》の医《い》療《りょう》に取《と》り組《く》む。／祖父《そふ》の遺志に従《したが》って、遺産《いさん》を全額《ぜんがく》寄付《きふ》する。

知っとく 「遺《い》」には、「死んだあとに残《のこ》す」という意味《いみ》がある。

いじょう

異常・異状

異常《いじょう》

意味 ふつうとちがっていること。変《か》わっていること。**対** 正常《せいじょう》。

例 今年《ことし》の夏《なつ》の暑《あつ》さは異常だ。／異常な行動《こうどう》をとる。／異常なほどにものごとにこだわる。／初《はつ》の決勝戦進出《けっしょうせんしんしゅつ》で異常に興奮《こうふん》する。

知っとく 「異常な・異常に」は、「ふつうの程度《ていど》をこえてはげしい」という意味《いみ》も表《あらわ》す。

異状《いじょう》

意味 ふだんとちがったようす。

例 健康診断《けんこうしんだん》の結果《けっか》は、異状なしだった。／台風《たいふう》のあと、電車《でんしゃ》のレールに異状が見《み》つかる。／機内《きない》に異状がないか点検《てんけん》する。

知っとく ▼「異状」は「異常《いじょう》な状態《じょうたい》」の意味《いみ》。「異状がある」「異状がない」の形《かたち》で使《つか》われることが多《おお》い。
▼似《に》た意味のことばに「別状《べつじょう》」がある。

いたむ

痛む・傷む

痛《いた》む

意味 ●体《からだ》にいたみを感《かん》じる。●心《こころ》に苦《くる》しみを感じる。

例 虫歯《むしば》が痛んで物《もの》が食《た》べられない。／頭《あたま》がずきずきと痛む。／悲《かな》しい話《はなし》を聞《き》くと胸《むね》が痛む。／悪《わる》いことをしたと良心《りょうしん》が痛む。

知っとく 「心が傷《きず》ついた」という意味《いみ》を表《あらわ》す場合《ばあい》には「心が傷《いた》む」とも書《か》く。

◆傷《いた》む

意味 ●物《もの》がこわれる。傷《きず》がつく。●食《た》べ物《もの》がくさる。

例 じゃり道《みち》を歩《ある》いて、くつが傷む。／年月《ねんげつ》がたち、校舎《こうしゃ》もだいぶ傷んできた。／台風《たいふう》にあって、りんごが傷む。／傷みやすい物から先《さき》に食《た》べる。

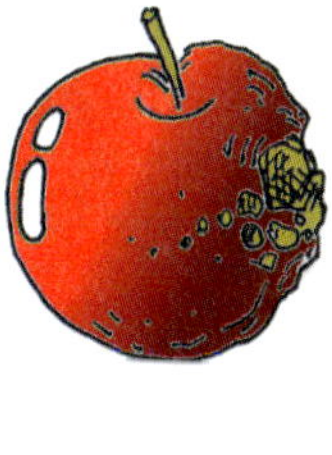

いっしん

一心・一身・一新

一心《いっしん》

意味 一《ひと》つのことだけに心《こころ》を集中《しゅうちゅう》すること。

例 合格《ごうかく》を一心にいのる。／助《たす》かりたい一心で、無我夢中《むがむちゅう》で走《はし》る。

知っとく 「一心同体《いっしんどうたい》（＝みんなが身《み》も心も一つにして結《むす》びつくこと）」という四字熟語《よじじゅくご》もある。

一身《いっしん》

意味 自分《じぶん》の体《からだ》。自分ひとり。

例 平和《へいわ》の実現《じつげん》のために一身をささげる。／みんなの期待《きたい》を一身に集《あつ》める。

知っとく 上《うえ》の「一心同体《いっしんどうたい》」を「一身×同体」と書《か》きまちがえやすいので注意《ちゅうい》。

一新《いっしん》

意味 すっかり新《あたら》しくなること。すっかり新しくすること。

例 部屋《へや》のもようがえをして気分《きぶん》を一新する。／メンバーを一新して、チームの立《た》て直《なお》しをはかる。

知っとく 「一新」の「一《いち》」は、「すべて」の意味《いみ》を表《あらわ》す。

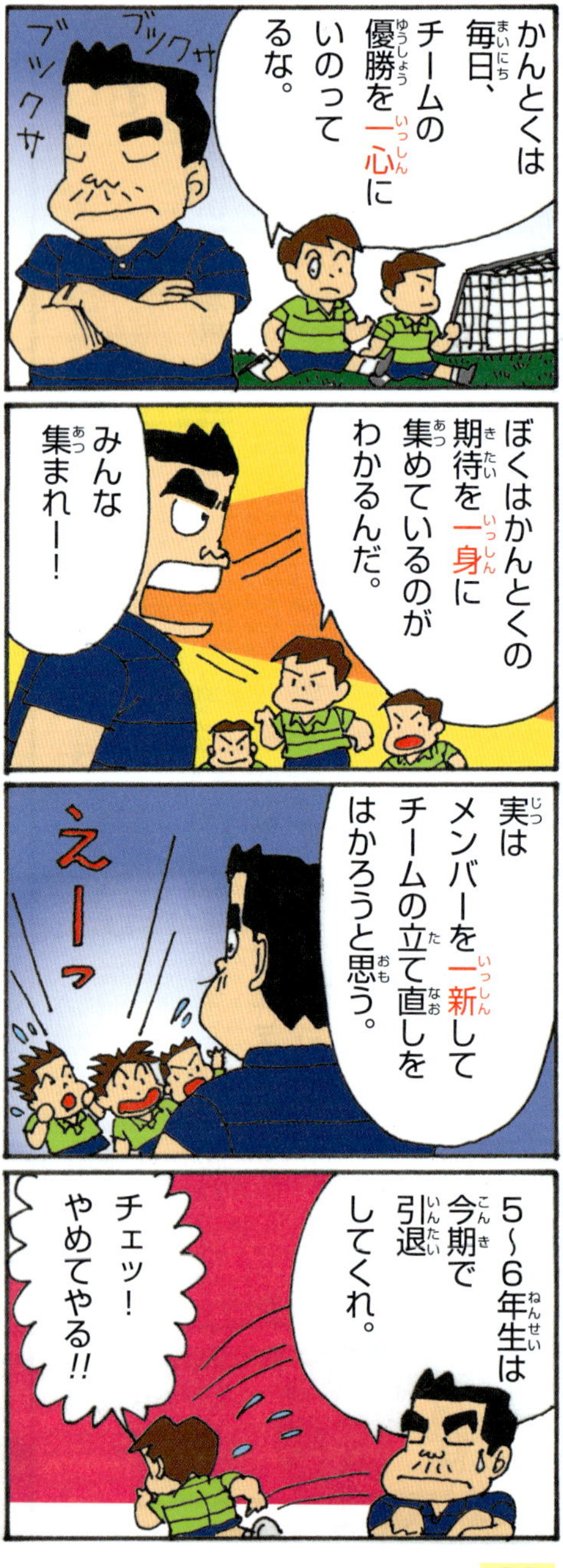

いどう

異同・異動・移動

異同《いどう》

意味 ものをくらべたときのちがい。ことなったところ。

例 「やもり」と「いもり」の**異同**を調《しら》べる。／「ちょう」と「が」の**異同**を説明《せつめい》した本《ほん》を興味深《きょうみぶか》く読《よ》む。／原作《げんさく》と映画《えいが》との細《こま》かい**異同**が気《き》になる。

異動《いどう》

意味 会社《かいしゃ》や組織《そしき》などで、地位《ちい》やつとめる場所《ばしょ》などが変《か》わること。

例 本社《ほんしゃ》から支社《ししゃ》への**異動**を命《めい》じられる。／春《はる》の**異動**で、新《あたら》しい校《こう》長先生《ちょうせんせい》がやってくる。／父《ちち》の会社では、ひんぱんに**異動**があるそうだ。

移動《いどう》

意味 動《うご》いて場所《ばしょ》を変《か》わること。動《うご》かして場所を変《か》えること。

例 わたり鳥《どり》が北《きた》から南《みなみ》へ**移動**する。／観光地《かんこうち》を車《くるま》で**移動**する。／机《つくえ》を窓《まど》ぎわに**移動**する。

知っとく 「移動」は、「移《うつ》り動《うご》く」と訓読《くんよ》みすると意味《いみ》がわかる。

うつ

打つ・討つ・撃つ

打《う》つ

意味 ●強《つよ》く当《あ》てる。強くたたく。●感動《かんどう》させる。●あるものごとを行《おこな》う。

例 机《つくえ》の角《かど》で頭《あたま》を**打つ**。／四番打《よばんだ》者《しゃ》がヒットを**打つ**。／柱《はしら》にくぎを**打つ**。／先生《せんせい》から、心《こころ》を**打つ**話《はなし》をうかがう。／お祝《いわ》いの電報《でんぽう》を**打つ**。

討《う》つ

意味 敵《てき》を殺《ころ》す。せめてほろぼす。

例 親《おや》のかたきを**討つ**。／桃太郎《ももたろう》がおにを**討つ**。／若武者《わかむしゃ》が敵の大《たい》将《しょう》を**討つ**。／城《しろ》にせめ入《い》って敵の兵《へい》を**討つ**。

知っとく 時代劇《じだいげき》などの場面《ばめん》で使《つか》うことが多《おお》い。

撃《う》つ

意味 ●鉄《てっ》ぽうやピストルなどのたまを発射《はっしゃ》する。●こうげきする。

例 的《まと》をねらってピストルを**撃つ**。／船《ふね》に向《む》けて大《たい》ほうを**撃つ**。／鉄ぽうでけものを**撃つ**。／犯人《はんにん》にじゅうで**撃たれる**。／敵《てき》をむかえ**撃つ**。

うつす

先生《せんせい》！
およびですか？
あなたたち、本当《ほんとう》に鏡《かがみ》に映《うつ》したようにそっくりね。
ところで二人《ふたり》の答案《とうあん》もこんなにそっくりなのはどうしてなの？
すみません。
写《うつ》しました。

写す・映す

写《うつ》す

意味 ●文章《ぶんしょう》や絵《え》を、もとのままにかきとる。●写《しゃ》真《しん》にとる。

例 友達《ともだち》のノートを借《か》りて**写す**。／図案《ずあん》をなぞって**写す**。／転居《てんきょ》のお知《し》らせにあった住所《じゅうしょ》を住所録《じゅうしょろく》に**写す**。／カメラで祭《まつ》りの光景《こうけい》を**写す**。

知っとく 「写真を写す」は、「写真をとる」ということが多《おお》い。

映《うつ》す

意味 ●光《ひかり》の反射《はんしゃ》で、物《もの》の形《かたち》や色《いろ》をほかの物の上《うえ》に現《あらわ》す。●光を当《あ》てて映像《えいぞう》をスクリーンの上に現す。

例 鏡《かがみ》に顔《かお》を**映す**。／富士山《ふじさん》が姿《すがた》を湖面《こめん》に**映す**。／映画《えいが》を**映す**。／スライドを**映す**。

知っとく 「うつす」と読《よ》む漢字《かんじ》には、「写す・映す」のほかに「移《うつ》す」がある。「移す」は、「動《うご》かしてちがう場所《ばしょ》や状態《じょうたい》に置《お》く」という意味《いみ》。

おう

追う・負う

追《お》う

意味 ●おいかける。**対** にげる。●ほかの所《ところ》に行《い》かせる。おいはらう。●順序《じゅんじょ》にしたがって進《すす》む。

例 兄《あに》のあとを追う。／犬《いぬ》に追われる。／牛《うし》がしっぽではえを追う。／社長《しゃちょう》の地位《ちい》を追われる。／事件《じけん》のあらましを順《じゅん》を追って話《はな》す。

知っとく 「仕事《しごと》に追われる」は、仕事が次々《つぎつぎ》にできていそがしいようすをいう。

負《お》う

意味 ●背中《せなか》にのせる。せおう。●自分《じぶん》の身《み》に引《ひ》き受《う》ける。●おかげを受《う》ける。

例 荷物《にもつ》を負う。／失敗《しっぱい》の責《せき》任《にん》を負う。／傷《きず》を負う。／成《せい》功《こう》は、兄《あに》の協力《きょうりょく》に負うところが大《おお》きい。

おこす

起こす・興す

起《お》こす

意味 ●横《よこ》になっている物《もの》を立《た》てる。●ねている人《ひと》の目《め》を覚《さ》まさせる。●ものごとを始《はじ》める。発生《はっせい》させる。

例 ベッドから体《からだ》を**起こす**。／朝七時《あさしちじ》に弟《おとうと》を**起こす**。／戦争《せんそう》を**起こす**。／交通事故《こうつうじこ》を**起こす**。／やる気《き》を**起こす**。

◆興《おこ》す

意味 ●勢《いきお》いをさかんにする。●事業《じぎょう》などを新《あたら》しく始《はじ》める。

例 観光事業《かんこうじぎょう》で国《くに》を**興す**。／商店街《しょうてんがい》を**興す**ために地元《じもと》の人《ひと》たちがちえをしぼる。／新しい事業を**興す**。／おじが友人《ゆうじん》と会社《かいしゃ》を**興す**。

おさめる

収める・納める・治める・修める

毎日《まいにち》働《はたら》いて税金《ぜいきん》を納《おさ》めている父《ちち》より…
学業《がくぎょう》を修《おさ》める兄《あに》より…
フムフム。
サッカーが始《はじ》まっちゃうよ〜。
アニメ見《み》たい！
チャンネル争《あらそ》いに勝利《しょうり》を収《おさ》める弟《おとうと》より…
いいかげんにしなさ〜い
わが家《や》で一番《いちばん》えらいのはもめごとを治《おさ》める母《はは》だった。

収《おさ》める

意味 ●きちんと中《なか》に入《い》れる。しまいこむ。●自分《じぶん》のものにする。

例 みかんを箱《はこ》に**収める**。／声《こえ》をCD《シーディー》に**収める**。／作文《さくぶん》を文集《ぶんしゅう》に**収める**。／勝利《しょうり》を**収める**。

知っとく 「もめごとを収める（＝しずめる）」という使《つか》い方《かた》もある。

納《おさ》める

意味 ●お金《かね》や品物《しなもの》を、ほかの人《ひと》にさし出《だ》したりわたしたりする。●終《お》わりにする。

例 税金《ぜいきん》を**納める**。／会費《かいひ》を**納める**。／注文《ちゅうもん》の品《しな》を**納める**。／手《て》にしたせんすを閉《と》じて、おどりを**納める**。

治《おさ》める

意味 ●政治《せいじ》を行《おこな》う。●みだれをしずめる。落《お》ち着《つ》かせる。

例 国《くに》を**治める**。／クラスのもめごとを**治める**。／ぬり薬《ぐすり》で痛《いた》みを**治める**。

知っとく 「もめごとを治める」は、「収《おさ》める」とも書《か》く。

修《おさ》める

意味 ●勉強《べんきょう》して、自分《じぶん》のものにする。●心《こころ》や行《おこな》いを正《ただ》しくする。

例 学問《がくもん》を**修める**。／留学《りゅうがく》して語学《ご》を**修める**。／先生《せんせい》についておかし作《づく》りの技術《ぎじゅつ》を**修める**。／親《おや》に心配《しんぱい》をかけないよう、身《み》を**修める**。

おりる

下りる・降りる

ブルルルル
バスを降《お》りるとそこが登山口《とざんぐち》なんて便利《べんり》ですね。
山の下
バス停
大山
登山口
おーい山《やま》を下《お》りよう。
え〜っ！もうですか!? 登《のぼ》り始《はじ》めたばかりですよ。
雨《あめ》がふってきたからね。
そうですね。下りることにしましょう。
ポツ
ポツリ
ポツ
ポツ

下《お》りる

意味 ●上《うえ》から下《した》へ移《うつ》る。 **対** 上《あ》がる。 ●役所《やくしょ》や目《め》上《うえ》の人《ひと》から許可《きょか》やお金《かね》があたえられる。

例 階段《かいだん》を下りる。／山《やま》を下りる。／ゆっくりと幕《まく》が下りる。／建築《けんちく》の許可が下りる。／市《し》から補助金《ほじょきん》が下りる。

知っとく 似《に》た意味《いみ》のことばに「下《くだ》る」がある。「下る」の反対語《はんたいご》は「上《のぼ》る」。

降《お》りる

意味 ●乗《の》り物《もの》から出《で》る。 **対** 乗る。 ●職《しょく》をやめる。役《やく》がらをことわる。 ●つゆやしもがあらわれる。

例 バスから降りる。／次《つぎ》の駅《えき》で電車《でんしゃ》を降りる。／会長《かいちょう》の座《ざ》を降りる。／主役《しゅやく》を降りる。／仕事《しごと》を降りる。／草《くさ》の葉《は》につゆが降りる。／しもが降りて寒《さむ》い。

知っとく 船《ふね》の場合《ばあい》は、「船を下《お》りる」と書《か》くことが多《おお》い。

おる

折る・織る

折《お》る

意味 ●曲《ま》げて重《かさ》ねる。また、そのようにして形《かたち》を作《つく》る。●曲げて切《き》りはなす。

例 指《ゆび》を折って数《かぞ》える。／新聞紙《しんぶんし》を二《ふた》つに折る。／色紙《いろがみ》でつるを折る。／木《き》の枝《えだ》を折る。／骨《ほね》を折る。

知っとく 「骨を折る」には、「骨折《こっせつ》する」という意味《いみ》のほかに、「苦心《くしん》して一生《いっしょう》けんめいにする」という意味の慣用句《かんようく》としての使《つか》い方《かた》もある。

織《お》る

意味 糸《いと》をたてと横《よこ》に組《く》み合《あ》わせて、布《ぬの》などを作《つく》る。

例 絹糸《きぬいと》で布を織る。／美《うつく》しいじゅうたんを織る。／麻《あさ》のせんいで織った布。／しま模様《もよう》の布地《ぬのじ》を織る。

知っとく 「織物《おりもの》」という語《ご》や、「博多織《はかたおり》・西陣織《にしじんおり》」などのように織物につけられた名前《なまえ》には、送《おく》りがなをつけない。

かいしん

会心・改心

会心《かいしん》

意味 自分《じぶん》のしたことを心《こころ》から気《き》に入《い》って、満足《まんぞく》すること。

例 九回《きゅうかい》の裏《うら》に、会心の逆転《ぎゃくてん》ホームランを打《う》つ。／今度《こんど》の作品《さくひん》は、デザインといい、色《いろ》といい、私《わたくし》の会心の作《さく》だ。／うまくいったと会心の笑《え》みをうかべる。

知っとく 「会心」の「会《かい》」は、「(心に)かなう(＝自分の思《おも》いのとおりになる)」という意味《いみ》。

改心《かいしん》

意味 自分《じぶん》のしてきたことが悪《わる》かったと気《き》づいて、心《こころ》を入《い》れかえること。

例 これからは改心してまじめに働《はたら》きます。／悪人《あくにん》を改心させる。／いたずらをするたびにしかったが、弟《おとうと》はちっとも改心しない。

かいとう

回答・解答

回答《かいとう》

意味 問《と》われたことに答《こた》えること。返事《へんじ》。

例 アンケートに回答する。／市役所《しやくしょ》に問《と》い合《あ》わせたところ、翌日《よくじつ》回答があった。／読者《どくしゃ》からの質問《しつもん》に回答する。

知っとく 「アンケート」と「質問」には「回《まわ》して答える」と覚《おぼ》えておこう。

解答《かいとう》

意味 問題《もんだい》を解《と》いて答《こた》えること。また、問題の正《ただ》しい答《こた》え。

例 問題が難《むずか》しくて、解答するのに時間《じかん》がかかった。／あのタレントは、クイズ番組《ばんぐみ》の解答者《しゃ》をしている。／解答を書《か》くらんをまちがえてしまった。

かいほう

開放・解放

開放《かいほう》

意味 ●窓《まど》や戸《と》などを、あけはなすこと。●だれでも自由《じゆう》に出入《ではい》りしたり使《つか》ったりできるようにすること。**対** 閉鎖《へいさ》。

例 開放した窓から風《かぜ》が入《はい》る。／会議中《かいぎちゅう》はドアの開放を禁止《きんし》する。／学校《がっこう》のプールを市民《しみん》に開放する。

知っとく 「開放」は「開《あ》け放《はな》して、自由に使わせる」と覚《おぼ》えておこう。

解放《かいほう》

意味 してはいけないという歯止《はど》めをなくして、自由《じゆう》にしてやること。

例 犯人《はんにん》が人質《ひとじち》を解放する。／漁師《りょうし》が、あみにかかったイルカを解放する。／リンカーンが大統領《だいとうりょう》の時《とき》、アメリカのどれいが解放された。／テストが終《お》わり、試験勉強《しけんべんきょう》から解放される。

知っとく 「解放」を訓読《くんよ》みすると「解《と》き放《はな》す」となる。

かえる①

春《はる》になると
わたり鳥《どり》は
北《きた》へ帰《かえ》るんだ。
冬《ふゆ》になったら
また
もどって
こいよ～。
兄《にい》ちゃん、
返事《へんじ》が
返《かえ》ってきたね。
カァ
カァ
カァ
なんだ！
カラス
だったのか!!
カァ～
カァ～
カァ～

帰る・返る

帰《かえ》る

意味 もといた場所《ばしょ》にもどる。

例 父《ちち》は、いつも七時《しちじ》ごろに**帰る**。／わたり鳥《どり》が北《きた》へ**帰る**。／家《いえ》へ**帰る**とちゅう、本屋《ほんや》さんに寄《よ》った。／母《はは》が**帰る**まで一人《ひとり》で留守番《るすばん》をした。

知っとく 「帰る」を使《つか》った「帰りがけ」「帰りぎわ」「帰りしな」は、どれも「(ちょうど)帰ろうとしているとき」の意味《いみ》を表《あらわ》すことば。

返《かえ》る

意味 ●もとのようす・状態《じょうたい》にもどる。●物《もの》が、もとの持《も》ち主《ぬし》にもどる。●相手《あいて》が応《おう》じる。

例 声《こえ》をかけられて、はっとわれに**返る**。／貸《か》した本《ほん》が**返る**。／アンケートの回答《かいとう》が**返る**。／反対《はんたい》の意見《いけん》が**返ってく**る。／声をかけたら、家《いえ》の中《なか》から答《こた》えが**返ってき**た。

かえる②

代える・変える・換える・替える

参観日《さんかんび》、だれにも代《か》えがたい父《とう》さんが出席《しゅっせき》してくれた。
父さんが来《き》たのはぼくのうちだけだ。
びっくりして顔色《かおいろ》を変《か》えた。
暑《あつ》いので空気《くうき》を換《か》えましょうね。
ガラッ
ふだん着《ぎ》をよそゆきに替《か》えてきてよかった…。

代《か》える

意味 そのものがもつ役割《やくわり》などをほかのものにさせる。

例 病気《びょうき》の父《ちち》に代えて兄《あに》を出席《しゅっせき》させる。／これは、ほかのどんなものにも代えることができない、わたしの宝物《たからもの》だ。／命《いのち》に代えてもあなたを守《まも》ります。

変《か》える

意味 前《まえ》とちがった状態《じょうたい》にする。

例 テーブルとソファーの位置《いち》を変える。／話《はなし》を聞《き》くと、姉《あね》はびっくりして顔色《かおいろ》を変えた。／兄《あに》は、父《ちち》に説得《せっとく》されて考《かんが》えを変えた。／つかれたので、散歩《さんぽ》をして気分《きぶん》を変える。

換《か》える

意味 物《もの》と物をとりかえる。

例 畑《はたけ》でとれた野菜《やさい》を、市場《いちば》でお金《かね》に換える。／窓《まど》を開《あ》けて部屋《へや》の空気《くうき》を換える。／銀行《ぎんこう》で、一万円《いちまんえん》をドルに換える。

知っとく 「換える」は「替《か》える」と書くこともある。

替《か》える

意味 それまでのものをやめて、別《べつ》のものにいれかえる。

例 ふろの水《みず》を新《あたら》しい水に替える。／若《わか》いお母《かあ》さんが赤《あか》ちゃんのおむつを替える。

知っとく 「替える」は「換《か》える」と書くこともある。

かせつ

東京《とうきょう》に
天変地異《てんぺんちい》が
起《お》きるという
仮説《かせつ》を
立《た》てると…
ゴゴゴ
東京中《じゅう》に
架設《かせつ》された
多《おお》くの橋《はし》の
たもとに…
少《すく》なく見積《みつ》もっても
百万人《ひゃくまんにん》もの人々《ひとびと》が
仮設《かせつ》テントで暮《く》らす
ことになるでしょう。
大変《たいへん》な
ことに
なるな。
わが社《しゃ》は
もうかり
ます。
テント堂
ザハハハ

仮説・仮設・架設

仮説《かせつ》

意味 かりにこうだと決《き》めた考《かんが》え。

例 うなぎの産卵場所《さんらんばしょ》は深海《しんかい》だという仮説を立《た》てて調査《ちょうさ》をする。／実験《じっけん》をして、自分《じぶん》の立てた仮説が正《ただ》しかったことを証明《しょうめい》する。／きみの考えは、まだ仮説の域《いき》を出《で》ていない。

仮設《かせつ》

意味 建物《たてもの》などを、一時的《いちじてき》につくること。仮《かり》に設《もう》けること。

例 災害《さいがい》にあった人々《ひとびと》が、仮設のテントで暮《く》らす。／野外《やがい》にぶたいを仮設して、コンサートを開《ひら》く。／ビルの工事現場《こうじげんば》にトイレを仮設する。

▼架設《かせつ》

意味 高《たか》くかけわたすこと。

例 川《かわ》に橋《はし》を架設する。／電線《でんせん》を架設せず地中《ちちゅう》にうめたので、町《まち》のながめがすっきりしている。／山《やま》のしゃ面《めん》に架設したケーブルにゴンドラをつるす。／道路《どうろ》の上《うえ》に架設した橋を陸橋《りっきょう》という。

かてい

博士課程《はくしかてい》の論文《ろんぶん》のテーマはもう決《き》まったのかね？
はい、教授《きょうじゅ》。宇宙誕生《うちゅうたんじょう》の過程《かてい》で——
銀河《ぎんが》が生《う》まれたナゾを解《と》き明《あ》かそうと思《おも》っています。
す、すばらしい。きみは将来《しょうらい》ノーベル賞《しょう》ものじゃ。

過程・課程

過程《かてい》

意味 ものごとが移《うつ》り変《か》わっていく道《みち》すじ。

例 こん虫《ちゅう》が卵《たまご》から成虫《せいちゅう》になるまでの過程を観察《かんさつ》する。／子《こ》どもの成長《せいちょう》の過程をビデオカメラで記録《きろく》する。／研究《けんきゅう》を始《はじ》めてから新発見《しんはっけん》にいたるまでの過程を説明《せつめい》する。／木《こ》の葉《は》が色《いろ》づき、落《お》ち葉《ば》になるまでの過程を本《ほん》で調《しら》べる。

課程《かてい》

意味 学校《がっこう》などで、一定《いってい》の期間内《きかんない》に学《まな》ぶように、学《がく》習内容《しゅうないよう》を決《き》めたもの。

例 小学校《しょうがっこう》の課程を終《お》えて卒業《そつぎょう》する。／この大学《だいがく》には通信教育《つうしんきょういく》で学ぶ課程もある。／兄《あに》は、間《ま》もなく大《だい》学《がく》の教職《きょうしょく》課程を修了《しゅうりょう》する。

知っとく 「博士課程《はくしかてい》」「教員養成課程《きょういんようせいかてい》」「研修課程《けんしゅうかてい》」などのように、ほかのことばにつけて使《つか》われることが多《おお》い。

かねつ

加熱・過熱

三分間《さんぷんかん》お湯《ゆ》で加熱《かねつ》するだけ。
カレー
今《いま》ならこのカレーが大特価《だいとっか》ですよ!!
おいしいカレー
カレー
うちのビーフシチューはもっともっとおまけしますよ。
ビーフシチュー
かくして、スーパーマーケットの安売《やすう》り競争《きょうそう》はますます過熱《かねつ》したのであった。
スーパーマ

加熱《かねつ》

意味 熱《ねつ》を加《くわ》えること。

例 なべに水《みず》を入《い》れ、強火《つよび》で加熱する。／この貝《かい》は加熱して食《た》べてください。／じゃがいもを電子《でんし》レンジで五分間《ごふんかん》加熱する。／器具《きぐ》を、蒸気《じょうき》や熱湯《ねっとう》などで加熱して殺《さっ》きんする。／空気《くうき》は、加熱すると体積《たいせき》がぼう張《ちょう》する。／加熱してやわらかくなった肉《にく》に味《あじ》つけをする。

過熱《かねつ》

意味 ●熱《あつ》くなりすぎること。熱くしすぎること。●ものごとの状態《じょうたい》が、度《ど》をこしてはげしくなること。

例 ストーブの過熱が原因《げんいん》で、火事《かじ》になる。／このアイロンには、過熱を防《ふせ》ぐ装置《そうち》がついている。／両《りょう》チームの応《おう》えん合戦《がっせん》がいちだんと過熱してくる。／事件《じけん》の報道《ほうどう》が過熱し、めいわくをこうむる人《ひと》も出《で》てきた。

かわ

皮・革

うちのお姉《ねえ》さんはブランド好《ず》きで有名《ゆうめい》だ。
うそみたいに安《やす》かったわ！
これはね、パリでとっても有名なバッグなの。
このブランドの革《かわ》のバッグのニセモノが出回《でまわ》っています。注意《ちゅうい》してください。
にせものだったのよ〜。
化《ば》けの皮《かわ》がはがれたね。

皮《かわ》

意味 ●動物《どうぶつ》や植物《しょくぶつ》の表面《ひょうめん》を包《つつ》んでいるもの。●物《もの》の表面をおおっているもの。

例 日焼《ひや》けしたうでの皮がむけてくる。／りんごの皮をむく。／桜《さくら》の木《き》の皮を使《つか》った工芸品《こうげいひん》。／このまんじゅうは、皮が厚《あつ》い。

知っとく 「化《ば》けの皮がはがれる」は、かくしていたことがばれる、という意味《いみ》の慣用句《かんようく》。

革《かわ》

意味 動物《どうぶつ》の皮《かわ》をはいでなめしたもの。

例 牛《うし》の革を使《つか》ってかばんを作《つく》る。／革で作った製品《せいひん》を売《う》る店《みせ》。／羊《ひつじ》の革のコートは軽《かる》くて着《き》やすい。

知っとく 「なめす」とは、薬品《やくひん》を使って、動物の皮から毛《け》とあぶらを取《と》り、やわらかくすること。動物の「皮」は、この加工《かこう》をすることによって、「革」になる。

かんしん

感心・関心・歓心

先生《せんせい》、今日《きょう》はいちだんときれいですよ。
まっ
上手《じょうず》ね。
あいつはおせじを言《い》って先生の歓心《かんしん》を買《か》うようなやつ。
いっぽうのかれは、先生も感心《かんしん》するほどのきまじめなやつ。
そんな二人《ふたり》が学級委員《がっきゅういいん》に立候補《りっこうほ》したけど…。
ぼくはまったく関心《かんしん》ないね。

感心《かんしん》

意味 りっぱな行《おこな》いなどに対《たい》して、深《ふか》く心《こころ》を動《うご》かされること。

例 母《はは》は、山田《やまだ》くんのていねいなことばづかいに感心していた。／毎週公園《まいしゅうこうえん》をそうじしている感心な子《こ》どもがいる。／きみのまじめさには、だれもが感心しているよ。

関心《かんしん》

意味 そのことについて知《し》りたいと、心《こころ》をひかれること。

例 遺跡《いせき》の写真《しゃしん》を見《み》て、歴史《れきし》に関心をもつ。／国民《こくみん》が関心を寄《よ》せる年金《ねんきん》の問題《もんだい》を議論《ぎろん》する。

知っとく 似《に》た意味《いみ》のことばに「興味《きょうみ》」がある。（→P142参照《さんしょう》）

歓心《かんしん》

意味 自分《じぶん》によくしてくれたほかの人《ひと》に対《たい》して、うれしいと思《おも》う気持《きも》ち。

例 おせじを言《い》って、人の歓心を買《か》う（＝きげんをとって気《き》に入《い》られようとする）。／兄《あに》はプレゼントであの人の歓心を得《え》るつもりだ。

きかい

ぼくの父《ちち》の仕事《しごと》は、自動車《じどうしゃ》を組《く》み立《た》てる機械《きかい》の設計《せっけい》だ。
ガガガ
つまりは…ロボットをつくってるんだ。
カッコいい〜。
エヘン
きみんちのお父《とう》さんは?
昔《むかし》は器械《きかい》体操《たいそう》の選手《せんしゅ》で金《きん》メダルとったこともあるよ!
エヘン
すご〜い!で、今《いま》は?
ふつうのサラリーマンじゃないかなあ。

器械・機械

器械《きかい》

意味 動力《どうりょく》(=モーターなど)を使《つか》わない、かんたんなしくみの道具《どうぐ》。

例 柱《はしら》に器械をあてて家《いえ》のかたむきを調《しら》べる。/体《たい》温計《おんけい》や体重計《たいじゅうけい》などの器械を作《つく》る会社《かいしゃ》に勤《つと》める。/とび箱《ばこ》や平均台《へいきんだい》などの器械を使《つか》って体操《たいそう》をする。

知っとく 「機械《きかい》」よりも小型《こがた》で、しくみのかんたんなものをいう。

機械《きかい》

意味 動力《どうりょく》(=モーターなど)によって動《うご》き、ある決《き》まった運動《うんどう》をくり返《かえ》して仕事《しごと》をするもの。

例 自動車《じどうしゃ》の部品《ぶひん》を作《つく》る機械。/機械で織《お》った布《ぬの》よりも、人《ひと》が手《て》で織った布のほうが味《あじ》わいがある。/広《ひろ》い農地《のうち》では大型《おおがた》の機械を使《つか》って農業《のうぎょう》が行《おこな》われる。

知っとく 同《おな》じ音読《おんよ》みの「機会《きかい》」(=きっかけ)との使《つか》い分《わ》けにも注意《ちゅうい》。「話《はな》す機会。得点《とくてん》の機会。」

きかん

気管・器官

TV《テレビ》大食《おおぐ》い選手権《せんしゅけん》
ガツガツガツ
ガツ
ガツガツ
ガツ
ゲッホ
ゲホ
うっ
ゲホ
ゲホ
ゲホ
ゲホ
ちょうせん者《しゃ》、ゴハンが気管《きかん》につまったのか、とても苦《くる》しそうです。
あ〜死《し》ぬかと思《おも》った。
消化器官《しょうかきかん》が口《くち》から飛《と》び出《で》るかと思いましたね。

気管《きかん》

意味 のどから肺《はい》につながっている管《くだ》。（呼吸《こきゅう》するときの空気《くうき》の通《とお》り道《みち》になる。）

例 父《ちち》は、かぜで気管をやられて、せきがひどい。／食《た》べた物《もの》があやまって気管に入《はい》る。／のどや気管から出《で》るたんを取《と》って、呼吸を楽《らく》にする。

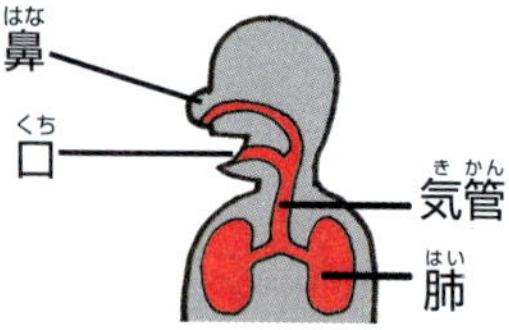
鼻《はな》
口《くち》
気管《きかん》
肺《はい》

器官《きかん》

意味 生物《せいぶつ》の体《からだ》の中《なか》で、あるはたらきを受《う》け持《も》っている部分《ぶぶん》。

例 食道《しょくどう》・胃《い》・腸《ちょう》などは、消化《しょうか》のはたらきをする器官だ。／目《め》は、物《もの》を見《み》るはたらきをする器官だ。／検査《けんさ》の結果《けっか》、消化器官に異状《いじょう》が見《み》つかった。

知っとく 「器管×」とは書《か》かない。「体の器官に竹《たけ》いらず」と覚《おぼ》えておこう。

きく

効く・利く

効《き》く

意味 ききめがあらわれる。効果《こうか》がある。

例 腹痛《ふくつう》に効く薬《くすり》。／殺虫《さっちゅう》ざいが効いたらしく、ごきぶりが出《で》なくなった。／宣伝《せんでん》が効いて商品《しょうひん》の売《う》り上《あ》げがのびる。／父《ちち》の説教《せっきょう》が効いたのか、このところ弟《おとうと》がおとなしい。

知っとく 「効果がある」と言《い》いかえられるときは「効く」と書《か》くと覚《おぼ》えよう。

◆利《き》く

意味 ①機能《きのう》がよくはたらく。よく活動《かつどう》する。②できる。

例 犬《いぬ》は、鼻《はな》がよく利く。／右手《みぎて》がしびれて利かない。／車《くるま》のブレーキが利く。／ビルの屋上《おくじょう》からは見《み》晴《は》らしが利く。／年《とし》をとって無理《むり》が利かなくなる。

知っとく 「口《くち》を利く」で、「ものを言《い》う」という意味《いみ》を表《あらわ》す。

きげん

それは紀元前《きげんぜん》のはるか昔《むかし》のこと——。
バリバリバリ
ドヤーン
メラメラメラ
人類文明《じんるいぶんめい》の起源《きげん》は、火《ひ》を自由《じゆう》にあやつることから始《はじ》まったといわれています。
ワクワク

紀元・起源

紀元《きげん》

意味 歴史《れきし》のうえで、年数《ねんすう》を数《かぞ》えるもとになる年《とし》。

例 西暦《せいれき》では、キリストの生《う》まれた年を紀元として、年数を数える。

知っとく 「紀元」より古《ふる》い時代《じだい》の年数は、紀元から逆《ぎゃく》に数えて、「紀《き》元前百年《げんぜんひゃくねん》」というふうに表《あらわ》す。

エジプト文明《ぶんめい》は紀元前三千年前《さんぜんねんぜん》後《ご》に起《お》こったといわれているんだよ。

起源《きげん》

意味 ものごとの起《お》こり。始《はじ》まり。

例 かなの起源は漢字《かんじ》にある。／日本人《にほんじん》の起源をさぐる。／地球《ちきゅう》の生命《せいめい》の起源は水《みず》にあるといわれる。／ラジオ体操《たいそう》の起源と歴史《れきし》を調《しら》べる。／カレーライスの起源をたどる。

きてん

起点・基点

今日《きょう》は学校《がっこう》を基点《きてん》として半径《はんけい》一《いち》キロメートルの地図《ちず》を作《つく》りましょう。
一キロメートルはずいぶん長《なが》いから、定規《じょうぎ》じゃ無理《むり》だね。
学校
1Km
校門《こうもん》を起点《きてん》として一キロメートルをはかるには、長い巻《ま》き尺《じゃく》がいいわ。
50m
なるほど、巻き尺で何度《なんど》もはかればいいわけだ。
そうね、実際《じっさい》にはかって調査《ちょうさ》してみましょう。

起点《きてん》

意味 ものごとの始《はじ》まるところ。出発《しゅっぱつ》するところ。

対 終点《しゅうてん》。

例 東海道新幹線《とうかいどうしんかんせん》の起点は東京駅《とうきょうえき》だ。／市内《しない》のバス路線《ろせん》の起点と終点を、パソコンで調《しら》べる。／駅《えき》を起点として周辺《しゅうへん》の名所《めいしょ》をめぐる観光《かんこう》コースを考《かんが》える。

知っとく 多《おお》く、電車《でんしゃ》・バスなどが出発する最初《さいしょ》の駅・停留所《ていりゅうじょ》や、街道《かいどう》などのもとになる地点《ちてん》をいう。

基点《きてん》

意味 もとになるところ。もとになる点《てん》。

例 学校《がっこう》を基点として、半径五《はんけいご》キロメートル以内《いない》の地域《ちいき》にある公園《こうえん》を調《しら》べて回《まわ》る。／北極《ほっきょく》を基点として地図《ちず》をえがく。

知っとく 多《おお》く、きょりをはかるときや、図形《ずけい》をえがくときのもとになるところをいう。

きょうそう

競走・競争

ぼくと山田《やまだ》くんは、いいライバルなんだ。
今日《きょう》のテスト、意外《いがい》と簡単《かんたん》だったね。
そうでもないけど。
ぼくは100点《てん》！
エヘン
ぼくは80点だよ。
成績《せいせき》競争《きょうそう》ではいつもぼくの負《ま》けだ。
でもぼくたちの競争はそれだけではないんだ！
よーし！
じゃあこんどは家《いえ》まで競走《きょうそう》だ!!
よーい、ドン！
体力《たいりょく》競争では山田《やまだ》くんに一度《いちど》も負《ま》けたことがないんだ！

競走《きょうそう》

意味 走《はし》りくらべをすること。

例 校庭《こうてい》のはしからはしまで競走しよう。／五頭《ごとう》の馬《うま》を競走させて、とう着順位《ちゃくじゅんい》を予想《よそう》する。／マラソンでは、四二・一九五キロを競走する。／サーキットは、車《くるま》の競走を行《おこな》うためのしせつだ。

競争《きょうそう》

意味 勝《か》ち負《ま》けや、よしあしなどを争《あらそ》うこと。

例 どちらが早《はや》くしあげるか競争しよう。／友達《ともだち》と成績《せいせき》の順位《じゅんい》を競争する。／自動車会社《じどうしゃがいしゃ》が、売《う》り上《あ》げの競争をする。／どちらがおいしい料理《りょうり》を作《つく》るか、姉《あね》と競争して、やっぱり負《ま》けた。

知っとく 走《はし》る速《はや》さをくらべる以外《いがい》の「きょうそう」は「競争」と書《か》くと覚《おぼ》えよう。

きょうちょう

強調・協調

わが校《こう》の
テーマでも
あります
「心《こころ》を一《ひと》つに」…
これを
実現《じつげん》する
ため
には
みんなの
助《たす》け合《あ》いが
必要《ひつよう》です。
いいですか、
みんなの
助け合いが
必要なのです！
しつこく
ない？
校長先生《こうちょうせんせい》は
みんなの協調《きょうちょう》が
とても大切《たいせつ》だと
強調《きょうちょう》して
いるんだわ。
ふ〜ん

強調《きょうちょう》

意味 ●大切《たいせつ》なことや気《き》をつけることを、強《つよ》く言《い》うこと。●ある部分《ぶぶん》を特《とく》に目立《めだ》たせること。

例 先生《せんせい》は、命《いのち》の大切《たいせつ》さを**強調**して話《はな》された。／大《たい》会《かい》へは全員《ぜんいん》で参加《さんか》するべきだと、くり返《かえ》し**強調**する。／覚《おぼ》えてほしい部分は、文字《もじ》を太《ふと》くして**強調**する。／この詩《し》では、同《おな》じことばをくり返して**強調**している。／花《はな》の赤《あか》を**強調**してえがく。

協調《きょうちょう》

意味 たがいにゆずり合《あ》って、助《たす》け合《あ》うこと。

例 いろいろな立場《たちば》の住民《じゅうみん》が**協調**して、住《す》みよい町《まち》づくりを進《すす》める。／弟《おとうと》はわがままで、なかなか人《ひと》と**協調**できない。／グループ活動《かつどう》では、自分《じぶん》の意見《いけん》を言《い》うことも必要《ひつよう》だが、人の意見に**協調**することも大《たい》切《せつ》だ。／アジアの国々《くにぐに》が**協調**して、ふん争《そう》の解決《かいけつ》をはかる。

きょうどう

今度《こんど》の発表会《はっぴょうかい》は二《ふた》クラスが協同《きょうどう》して発表《はっぴょう》します。
何《なに》をやるんですか?
合唱《がっしょう》よ!
楽《がく》ふの部数《ぶすう》が足《た》りないので
みなさん、共同《きょうどう》で使《つか》ってくださいね。
二人《ふたり》で一《ひと》つの楽ふなんて…。
練習《れんしゅう》しにくいなあ!

共同・協同

共同《きょうどう》

意味 ● 二人《ふたり》以上《いじょう》の人《ひと》が、一《ひと》つのものをいっしょに利用《りよう》すること。**対** 単独《たんどく》。● 二人以上の人が、一つのものに同《おな》じ資格《しかく》や立場《たちば》でかかわること。**対** 単独。

例 妹《いもうと》と部屋《へや》を共同で使《つか》う。／この旅館《りょかん》では、客《きゃく》は共同の洗面所《せんめんじょ》を使う。／映画《えいが》の出演者《しゅつえんしゃ》が、共同で記《き》者会見《しゃかいけん》をする。／父《ちち》は、友人《ゆうじん》と共同で会社《かいしゃ》を経営《けいえい》している。

協同《きょうどう》

意味 二人《ふたり》以上《いじょう》の人《ひと》が、助《たす》け合《あ》って一《ひと》つの仕事《しごと》をすること。

例 二人の科学者《かがくしゃ》が協同して研究《けんきゅう》する。／会社《かいしゃ》と大学《だいがく》が協同して新技術《しんぎじゅつ》を開発《かいはつ》する。／農家《のうか》の人たちが協同して野菜《やさい》の産地直送《さんちちょくそう》はん売《ばい》をする。

知っとく 「協同」は「協同組合《きょうどうくみあい》」という語《ご》で使《つか》われることが多《おお》い。

きょくち

局地・極地・極致

地球学会講演会
局地《きょくち》的《てき》な天候異変《てんこういへん》が見《み》られますが…
…そして地球規模《ちきゅうきぼ》の温暖化《おんだんか》を引《ひ》き起《お》こし…
…極地《きょくち》の氷《こおり》がとけだすメカニズムを解明《かいめい》したのです。
今《いま》こそわたしの研究《けんきゅう》の成果《せいか》をもって地球のはめつをくい止《と》めるのです。
うっとり～
ハァハァ
自己《じこ》とうすいの極致《きょくち》だね。
みんなとっくに知《し》っていることなのにね。

局地《きょくち》

意味 限《かぎ》られた一部分《いちぶぶん》の土地《とち》。（「局地的《てき》」の形《かたち》で使《つか》うことが多《おお》い。）

例 民族《みんぞく》の争《あらそ》いで起《お》こったふん争《そう》を、国連《こくれん》の軍隊《ぐんたい》が局地でとどめる。／県《けん》の北部《ほくぶ》が局地的な集中《しゅうちゅう》ごう雨《う》にみまわれる。／たつまきは、局地的に起《お》きる自然現象《しぜんげんしょう》だ。

極地《きょくち》

意味 行《い》きつくはての土地《とち》。特《とく》に、南極《なんきょく》・北極《ほっきょく》の地方《ちほう》。

例 犬《いぬ》ぞりで極地を探検《たんけん》する。／南極で、極地の気象《きしょう》を観測《かんそく》する。／地球《ちきゅう》の温暖化《おんだんか》で、極地の氷《こおり》がとけだすおそれがある。

極致《きょくち》

意味 これ以上《いじょう》はないという最高《さいこう》の状態《じょうたい》。

例 美《び》の極致といわれるビーナス像《ぞう》が日本《にっぽん》で公開《こうかい》される。／役者《やくしゃ》として、きびしい修業《しゅぎょう》を積《つ》み、芸《げい》の極致をきわめる。／兄《あに》は念願《ねんがん》の大学《だいがく》に合格《ごうかく》して喜《よろこ》びの極致にある。

ぐんしゅう

群集・群衆

今度《こんど》の街頭演説会《がいとうえんぜつかい》は、数万人《すうまんにん》の群衆《ぐんしゅう》を集《あつ》めてやろう！
ワハハハ
数万人かあ…。
でも先生《せんせい》、そんなに人《ひと》を集めると群集心理《ぐんしゅうしんり》からパニックが起《お》きないか心配《しんぱい》ですよ。
街頭演説会当日《とうじつ》
有権者《ゆうけんしゃ》のみなさま！候補者《こうほしゃ》がやってまいりました!!
群衆が集《あつ》まらない演説会ほどさびしいものはないなあ。
シーン
パラ
パラ
パラ

群集《ぐんしゅう》

意味 おおぜいの人《ひと》や動植物《どうしょくぶつ》などが、群《むら》がり集《あつ》まること。また、その集まり。

例 さるが木《き》に群集する。／事故《じこ》の現場《げんば》にやじうまが群集する。

知っとく 「群集心理《ぐんしゅうしんり》」は、おおぜいの人の中《なか》にいるため、ほかの人のことばや行動《こうどう》に引《ひ》きずられてしまう心《こころ》の動《うご》きのこと。

群衆《ぐんしゅう》

意味 ある場所《ばしょ》に集《あつ》まった多《おお》くの人々《ひとびと》。

例 広場《ひろば》をうめた群衆を前《まえ》に、選《せん》挙《きょ》の候補者《こうほしゃ》が演説《えんぜつ》する。／試合《しあい》の実《じっ》きょうを映《うつ》す屋外《おくがい》の大《だい》スクリーンの前に、数千人《すうせんにん》の群衆が集まった。

オーッ

けいせい

わが野球部《やきゅうぶ》も
チームワークが
形成《けいせい》されてきて
やっといい試合《しあい》が
できるように
なった。
今日《きょう》の試合も
チームワークで
のりきろう！
オーーッ
…とはいえ
現実《げんじつ》は
きびしい。
0対《たい》2で
負《ま》ける
のか…。
カキーン
かんとく、
形勢《けいせい》逆転《ぎゃくてん》！
満《まん》るいホーム
ランです!!
わしは
最初《さいしょ》から
信《しん》じてたよ！

形成・形勢

形成《けいせい》

意味 一《ひと》つのまとまった形《かたち》につくり上《あ》げること。

例 島国《しまぐに》である日本《にっぽん》は、独自《どくじ》の文化《ぶんか》を形成した。／育《そだ》った環境《かんきょう》が、その人《ひと》の人格《じんかく》の形成にえいきょうする。／豊《ゆた》かで美《うつく》しい国土《こくど》を形成するための政策《せいさく》を考《かんが》える。／独《ひと》り暮《ぐ》らしの老人《ろうじん》を支《ささ》えるために、ボランティアのネットワークが形成された。

知っとく 「形成」を訓《くん》で読《よ》むと「形《かた》を成《な》す」となる。

形勢《けいせい》

意味 変化《へんか》するものごとの、その時《とき》その時のようす。なりゆき。

例 相手《あいて》チームの得点《とくてん》で、ぼくたちのチームの形勢が不利《ふり》になる。／開票《かいひょう》が進《すす》むにつれて、各政党《かくせいとう》の形勢が変化《へんか》する。

知っとく 似《に》た意味《いみ》のことばに「情勢《じょうせい》」がある。（↓P155参照《さんしょう》）

げんけい

原形・原型

またあ？
洋服《ようふく》作《つく》るから、体《からだ》の寸法《すんぽう》をはからせてくれる？
この前《まえ》作った型紙《かたがみ》の原型《げんけい》はどうしたの？
ああ　あれね…
ボロボロ
ワンちゃんが原形《げんけい》をとどめないほどにしちゃったのよ。

原形《げんけい》

意味 物《もの》がもともともっていた形《かたち》。

例 事故《じこ》で、車《くるま》が原形をとどめないほどにこわれた。／遺跡《いせき》から土器《どき》が原形のまま出土《しゅつど》する。／古《ふる》い民家《みんか》を、原形のまま保存《ほぞん》する。／建物《たてもの》のこわれた部分《ぶぶん》を、写真《しゃしん》を見《み》ながら原形のとおりに修復《しゅうふく》する。

原型《げんけい》

意味 物《もの》を作《つく》るときの、もとになる型《かた》。

例 体《からだ》の寸法《すんぽう》をはかって、紙《かみ》でワンピースの原型を作る。／自分《じぶん》の足《あし》に合《あ》わせて、くつの原型をとる（＝原型を作る）。

知っとく 洋服《ようふく》を作るとき、原型を切《き》りぬいた紙のことを「型紙《かたがみ》」という。

けんとう

見当・検討

それでは
今度《こんど》の発表会《はっぴょうかい》で何《なに》をやるか検討《けんとう》します。意見《いけん》のある人《ひと》！
はーい
はい
はい！
はい
はい
ミュージカルがいいと思《おも》います。わたしが主役《しゅやく》で！
格《かく》とう技《ぎ》の試合《しあい》にしようぜ！
コーラスにしようよ！
ワイワイ
ガヤガヤ
カンカン
ガクガク
このクラスの意見がまとまるのはいつになるのやら見当《けんとう》もつかないわ。

見当《けんとう》

意味 ●みこみ。予想《よそう》。●だいたいの方向《ほうこう》。●（数《かず》を表《あらわ》すことばにつけて）…ぐらい。

例 これから何《なに》が起《お》きるのか、わたしには見当もつかない。／どうにか仕事《しごと》の見当がついてひと安心《あんしん》だ。／妹《いもうと》はきっと喜《よろこ》ぶだろうと思《おも》っていたのに、見当がはずれた。／駅《えき》は、あちらの見当になります。／二千円《にせんえん》見当の賞品《しょうひん》がもらえるはずだ。

検討《けんとう》

意味 こまかに調《しら》べて、それでよいかどうか確《たし》かめること。

例 大会《たいかい》に参加《さんか》すべきかどうか、クラスで検討する。／みんなで研究発表《けんきゅうはっぴょう》の内容《ないよう》をもう一度《いちど》検討する。／バス会社《がいしゃ》では、料金値上《りょうきんねあ》げの検討を始《はじ》めたそうだ。

知っとく 形《かたち》の似《に》た字《じ》「険《けん》」とまちがえて「険討」と書《か》かないように注意《ちゅうい》しよう。

こうい

先生《せんせい》！これみんなからの気持《きも》ちです。
ん？なんだい。
せんべつ
ぼくが別《べつ》の学校《がっこう》に転勤《てんきん》するからか…。
みんなの厚意《こうい》を無《む》にして悪《わる》いが、生徒《せいと》から受《う》け取《と》るわけにはいかないんだよ。
先生のそんな態度《たいど》にわたしはずっと好意《こうい》をいだいてました。
ポッ。

好意・厚意

好意《こうい》

意味 ●このましいと思《おも》う気持《きも》ち。●親切《しんせつ》な心《こころ》。

対 悪意《あくい》。

例 父《ちち》は、相手《あいて》のまじめな態度《たいど》に好意をもった。／姉《あね》は、上級生《じょうきゅうせい》の男子《だんし》に好意をよせている。／農家《のうか》の人《ひと》の好意で、畑《はたけ》を使《つか》わせてもらうことになった。

知っとく 他人《たにん》に対《たい》する自分《じぶん》の気持ちにも、他人の自分に対する気持ちにも使う。

◆厚意《こうい》

意味 深《ふか》い思《おも》いやりのある心《こころ》。

例 私《わたくし》の夢《ゆめ》の実現《じつげん》をかげで支《ささ》えてくださったご厚意に感謝《かんしゃ》します。／せっかくの厚意を無《む》にしてしまった（＝相手《あいて》の思いやりを受《う》けないでしまった）。

知っとく 「厚意」は、相手に対《たい》する自分《じぶん》の気持《きも》ちには使《つか》わない。また、「好意《こうい》」より思いやりの程度《ていど》が深い。

こうえん

公演・講演

わっ
こんなにならんでるんだ。
ズラ〜〜ッ
ワイワイ
ガヤガヤ
しかも若《わか》い女《おんな》の子《こ》ばかり？
おじさん何《なに》しにきたの？
文学賞《ぶんがくしょう》作家《さっか》村上先生《むらかみせんせい》の講演会《こうえんかい》でしょ？
ちがうわよ。
アイドルのミュージカル公演会場《こうえんかいじょう》よ。
まちがえたか！
村上先生講演会場入口

公演《こうえん》

意味 おおぜいの客《きゃく》の前《まえ》で、歌《うた》・劇《げき》・おどりなどを演《えん》じること。

例 今日《きょう》からミュージカルの公演が始《はじ》まる。／かぶきの海外《かいがい》での公演は大好評《だいこうひょう》だった。／公会堂《こうかいどう》でバレエの公演がある。／この劇団《げきだん》は、月《つき》に一回《いっかい》、定期的《ていきてき》に公演している。

講演《こうえん》

意味 おおぜいの人《ひと》の前《まえ》で、ある問題《もんだい》について話《はな》すこと。

例 作家《さっか》が、日本《にっぽん》の伝統文化《でんとうぶんか》について講演する。／登山家《とざんか》の講演をきいて、登山《とざん》に興味《きょうみ》をもった。／障《しょう》害《がい》をもつ男性《だんせい》が、「バリアフリーの町《まち》づくり」というテーマで講演する。／講演をききながら、つい居《い》ねむりをしてしまった。

こうせい

公正・厚生・更生

少年スポーツしんぱん員協会総会
今度《こんど》、国《くに》の厚生《こうせい》しせつで全国少年《ぜんこくしょうねん》スポーツ大会《たいかい》が行《おこな》われます。

この大会《たいかい》は、少年犯罪《しょうねんはんざい》を犯《おか》した子《こ》どもたちをスポーツを通《とお》して更生《こうせい》させるためのものでもあります。

そこで、スポーツしんぱん員《いん》にはより公正《こうせい》な判定《はんてい》が求《もと》められるわけであります。

最近《さいきん》、目《め》がかすむようになってこまってるんだが。

大《だい》じょうぶ？しっかり見《み》てよ!!

公正《こうせい》

意味 一方《いっぽう》にかたよらず正《ただ》しいこと。

例 両方《りょうほう》の言《い》い分《ぶん》を聞《き》いて、どちらが正しいか公正に判断《はんだん》する。／スポーツのしんぱん員《いん》は、公正な判定《はんてい》をしなければならない。／法《ほう》にもとづいた公正な裁判《さいばん》を求《もと》める。

厚生《こうせい》

意味 人々《ひとびと》の健康《けんこう》を保《たも》ち、生活《せいかつ》を豊《ゆた》かにすること。（ふつう、ほかのことばにつけて使《つか》われる。）

例 会社《かいしゃ》に勤《つと》めていた人《ひと》が受《う》け取《と》る年金《ねんきん》を厚生年金という。／この保養所《ほようじょ》は、父《ちち》の会社の厚生しせつの一《ひと》つだ。

更生《こうせい》

意味 ●一度《いちど》悪《わる》くなった人《ひと》が、考《かんが》えを改《あらた》めてよくなること。●手《て》を加《くわ》えて、もう一度使《つか》えるようにすること。

例 男《おとこ》は、悪い仲間《なかま》と別《わか》れてまじめに働《はたら》き、りっぱに更生した。／古《ふる》い洋服《ようふく》を更生して服《ふく》を作《つく》る。

こうてい

工程・行程

今度《こんど》の旅《たび》の行程表《こうていひょう》だよ。
古都をめぐる旅
京都3日間
行程表
あっ！
サッ
まあ！手作《てづく》り和紙《わし》の工程《こうてい》を体験《たいけん》できるのね。
楽《たの》しみだわ。
悪《わる》いけど ぼくたち二人《ふたり》で行《い》きたいので 母《かあ》さんには留守番《るすばん》を たのもうと 思《おも》ってるんだけど。
グスッ
ひどいわ…。

工程《こうてい》

意味 作業《さぎょう》を進《すす》めていく順序《じゅんじょ》。また、その段階《だんかい》。

例 お茶《ちゃ》を製造《せいぞう》する工程を本《ほん》で調《しら》べる。／部品《ぶひん》の組《く》み立《た》てから最後《さいご》の包装《ほうそう》まで、たくさんの工程を経《へ》て製品《せいひん》ができあがる。／和紙作《わしづく》りの工程はすべて手作業《てさぎょう》だ。

行程《こうてい》

意味 ●歩《ある》いたり車《くるま》に乗《の》ったりして進《すす》む道《みち》のり。●旅行《りょこう》の日程《にってい》。

例 ここから山頂《さんちょう》まで、歩いて五時間《ごじかん》の行程だ。／一日二十《いちにちにじっ》キロの行程で東海道《とうかいどう》を歩く。／約四千《やくよんせん》キロの行程で争《あらそ》われる自動車《じどうしゃ》レース。／探検隊《たんけんたい》が、五日《いつか》の行程を経《へ》て目的地《もくてきち》にとう着《ちゃく》する。／修学旅行《しゅうがくりょこう》の行程が決《き》まる。

こうひょう

好評・講評

好評《こうひょう》

意味 よい評判《ひょうばん》。**対** 悪評《あくひょう》。不評《ふひょう》。

例 新製品《しんせいひん》が好評で、売《う》り上《あ》げがぐんとのびる。／展覧会《てんらんかい》が好評のうちに幕《まく》をとじる。／若《わか》い人《ひと》たちの間《あいだ》で好評だったテレビドラマが映画化《えいがか》されることになった。／絵画展《かいがてん》では、新人《しんじん》の画家《がか》の作品《さくひん》が好評を博《はく》した（＝よい評判を得《え》た）。

講評《こうひょう》

意味 理由《りゆう》をあげて説明《せつめい》し、批評《ひひょう》すること。

例 絵画展《かいがてん》のしんさ員《いん》が、入賞作《にゅうしょうさく》品《ひん》について一点《いってん》一点講評する。／返《かえ》ってきた作文《さくぶん》には、先生《せんせい》の講評がついていた。

さいけつ

採決・裁決

そうですなー。
やっぱりね。
そろそろ採決《さいけつ》にうつります。
☂と思《おも》う方《かた》は挙手《きょしゅ》を願《ねが》います。
はい!
はい!
長老《ちょうろう》がたの裁決《さいけつ》が出《で》た。
やっと決《き》まったか。
今日《きょう》は雨《あめ》!
ピクッ
ザー
遠足《えんそく》中止《ちゅうし》かぁ。

採決《さいけつ》

意味 会議《かいぎ》に出《だ》された案《あん》がいいかどうかを、賛成《さんせい》と反対《はんたい》の数《かず》によって決《き》めること。

例 十分《じゅうぶん》に議論《ぎろん》をしたうえで採決にうつる。／この案についての採決は、出席者《しゅっせきしゃ》の挙手《きょしゅ》によって行《おこな》います。／採決の結果《けっか》、ぼくの提案《ていあん》が実行《じっこう》されることになった。

知っとく 「採決」を訓《くん》で読《よ》むと「決《けっ》を採《と》る」となる。

裁決《さいけつ》

意味 上《うえ》の人《ひと》や役所《やくしょ》が判断《はんだん》して、ものごとをどうするかを決《き》めること。

例 台風《たいふう》が近《ちか》づいているため、遠足《えんそく》を中止《ちゅうし》するかどうか、校長先生《こうちょうせんせい》に裁決をお願《ねが》いする。／大会委員会《たいかいいいんかい》から、選手《せんしゅ》の入賞取《にゅうしょうと》り消《け》しの裁決が下《くだ》された。

知っとく 「裁決」を訓《くん》で読《よ》むと、「裁《さば》いて決《き》める」となる。

さいご

家族《かぞく》から連《れん》らくがあって、最期《さいご》に立《た》ちあいたいのですが。
それは大変《たいへん》、行《い》きなさい。
今日《きょう》の最終《さいしゅう》の新幹線《しんかんせん》になんとか乗《の》れたよ。
お父《とう》さん、会社《かいしゃ》を早引《はやび》けして来《き》たの?
おなかをこわしただけよって言《い》ったのに、最後《さいご》まで聞《き》かないんだから。
パパリンだいじょうぶかー?
メイワク

最後・最期

最後《さいご》

意味 ●ものごとの、いちばんあと。最終《さいしゅう》。**対** 最初《さいしょ》。●(「…したら最後」の形《かたち》で)それっきり。

例 友達《ともだち》の話《はなし》を**最後**まで聞《き》く。/集合時間《しゅうごうじかん》におくれ、列《れつ》の**最後**にならぶ。/運動会《うんどうかい》の**最後**の競技《きょうぎ》はリレーだ。/これが転校《てんこう》する友達に会《あ》える**最後**のチャンスだ。/姉《あね》は話《はな》し好《ず》きで、しゃべりだしたら**最後**、なかなか止《と》まらない。

最期《さい◆ご》

意味 死《し》ぬまぎわ。死ぬとき。

例 男《おとこ》は、心《こころ》おだやかに**最期**の時《とき》をむかえた。/家族全員《かぞくぜんいん》で祖父《そふ》の**最期**をみとる。/有名《ゆうめい》な登山家《とざんか》が、なだれに巻《ま》きこまれて不運《ふうん》な**最期**をとげた。

知っとく 「最期をとげる」は、人《ひと》が家《いえ》や病院以外《びょういんいがい》の場所《ばしょ》で特別《とくべつ》な死《し》に方《かた》をしたときに使《つか》われることが多《おお》い。

さす

あのー
日《ひ》が差《さ》しているのに
なんで、かさを
差しているんですか?
空《そら》を指《ゆび》で
指《さ》している。
花粉症《かふんしょう》
なのかー。

指す・差す

指《さ》す

意味 ●指《ゆび》でしめす。とりあげてしめす。●その方《ほう》向《こう》へむかう。めざす。

例 妹《いもうと》はりんごを**指して**「あれがほしい。」と言《い》う。／「これ」は、近《ちか》くにある物《もの》を**指して**いうことばだ。／わたり鳥《どり》が北《きた》を**指して**飛《と》んでいく。

知っとく 「ゆびさす」の場合《ばあい》は、「指指す」と「指」の字《じ》が重《かさ》なるのをさけて、「指差《ゆびさ》す」と書《か》く。

差《さ》す

意味 ●光《ひかり》があたる。●あるようすが表《おもて》に現《あらわ》れる。●帯《おび》などにはさむ。●かざす。●そそぐ。

例 窓《まど》から朝日《あさひ》が**差す**。／顔《かお》に赤《あか》みが**差す**。／ねむ気《け》が**差す**。／さむらいが刀《かたな》をこしに**差す**。／かさを**差す**。／熱《あつ》い湯《ゆ》に水《みず》を**差す**。／機械《きかい》に油《あぶら》を**差す**。

知っとく 「先《さき》のするどい物《もの》をつき入《い》れる」の意味《いみ》のときは「刺《さ》す」と書《か》く。「肉《にく》にくしを刺す。」

さめる

冷める・覚める

うわっ！
このスープ
おいしい。
ピロロロ
ピロロロロロ
あ、電話《でんわ》だ。
スープが冷《さ》めるから
出《で》ないよー。
まだ目《め》が
覚《さ》めないの？
ピロロロ
ピロロ
あ！
夢《ゆめ》か。
フカヒレスープが
すごくおいしかっ
たんだ。
まだ興奮《こうふん》が
冷めないのねー。

冷《さ》める

意味 ●熱《ねつ》がうばわれてつめたくなる。●高《たか》まっていた関心《かんしん》や気持《きも》ちがなくなる。

例 スープが**冷める**。／このご飯《はん》は**冷めても**おいしい。／おふろの湯《ゆ》が**冷めない**うちに入《はい》る。／アイドルに対《たい》する熱が**冷める**。／言《い》い争《あらそ》いがもとで、友達《ともだち》との仲《なか》が**冷める**。／スタンドの観客《かんきゃく》の興奮《こうふん》が**冷め**、やっと静《しず》かになる。

覚《さ》める

意味 ●ねむっている状態《じょうたい》が終《お》わる。●夢《ゆめ》やもの思《おも》いなどの状態からもとの状態にもどる。

例 鳥《とり》の声《こえ》で目《め》が**覚める**。／手術《しゅじゅつ》が終わり、ますいから**覚める**。／先生《せんせい》のアドバイスで、ぼくは迷《まよ》いから**覚めた**。

しじ

支持・指示・師事

師事《しじ》した
▲▲先生《せんせい》と
地元《じもと》の
□□氏《し》と…
どちらを
支持《しじ》しようか
なあ。
投票所《とうひょうじょ》
う――ん
矢印《やじるし》の指示《しじ》に
したがって
投票《とうひょう》してください。
決《き》められないんです～。

支持《しじ》

意味 ほかの人《ひと》の意見《いけん》などに賛成《さんせい》して助《たす》けること。

例 クラス会《かい》では、上田《うえだ》くんの意見を支持する人が多《おお》かった。／わたしは、会《かい》の運動方針《うんどうほうしん》を支持する。／どの政党《せいとう》を支持するか、アンケート調査《ちょうさ》をする。

指示《しじ》

意味 ●さししめすこと。●指図《さしず》すること。

例 見学《けんがく》の順路《じゅんろ》を矢印《やじるし》で指示する。／文章中《ぶんしょうちゅう》の「それ」の指示する内容《ないよう》を考《かんが》える。／生徒《せいと》たちが、先生《せんせい》の指示にしたがって、ひなん訓練《くんれん》をする。

師事《しじ》

意味 ある人《ひと》を先生《せんせい》として教《おし》えを受《う》けること。

例 世界的《せかいてき》に有名《ゆうめい》な学者《がくしゃ》に師事する。／活《かつ》やく中《ちゅう》の作曲家《さっきょくか》に師事し、歌手《かしゅ》としてデビューする。

知っとく 「師《し》」は「教える人」、「事《じ》」は「仕《つか》える」の意味《いみ》。

じしん

自信・自身

お笑《わら》い芸人《げいにん》になるからみてろよ！
大《だい》じょうぶかな、自信《じしん》たっぷりだけど…。
だめだめ！
全然《ぜんぜん》おもしろくない。
親友《しんゆう》や家族《かぞく》があのとき引《ひ》き止《と》めてくれれば…。
自分《じぶん》自身《じしん》で決《き》めたのに人《ひと》のせいにしちゃだめだよ。
ガンバレ！

自信《じしん》

意味 自分《じぶん》のもっている力《ちから》や値打《ねう》ちをかたく信《しん》じること。

例 ぼくは、水泳《すいえい》には自信がある。／自信をもって試合《しあい》にのぞむ。／この絵《え》は母《はは》の自信の作《さく》だ。

知っとく 「自信満々《じしんまんまん》」は「自信が十分《じゅうぶん》にあること」という意味《いみ》。

わたし、泳《およ》ぎには自信があるの！

自身《じしん》

意味 ●自分《じぶん》。●（ほかのことばについて）そのもの。それ自体《じたい》。

例 作家《さっか》が、自身の作品《さくひん》について語《かた》る。／水泳選手《すいえいせんしゅ》が、自身のもつ世界記録《せかいきろく》を上《うわ》まわるタイムを出《だ》す。／自分の進路《しんろ》は、自分自身で考《かんが》えて決《き》める。／作曲者《さっきょくしゃ》自身によるピアノの演奏会《えんそうかい》が開《ひら》かれる。

知っとく 「自分」よりもあらたまった場面《ばめん》で使《つか》われる。

じてん

字典・辞典・事典

字典《じてん》

意味 漢字《かんじ》を決《き》まった順序《じゅんじょ》にならべ、漢字の意味《いみ》や読《よ》み方《かた》などを説《せつ》明《めい》した本《ほん》。

例 母《はは》は、字典を見《み》ながら、ペン字《じ》の練習《れんしゅう》をしている。

知っとく 字典には、「漢字字典」「筆《ひつ》順《じゅん》字典」などがある。

辞典《じてん》

意味 ことばを決《き》まった順序《じゅんじょ》にならべ、ことばの意味《いみ》や使《つか》い方《かた》などを説明《せつめい》した本《ほん》。

例 国語《こくご》辞典で意味を調《しら》べる。

知っとく 辞典には、「国語辞典」「ことわざ辞典」「慣用句《かんようく》辞典」「方言《ほうげん》辞典」などがある。

事典《じてん》

意味 いろいろな事《こと》がらを表《あらわ》すことばを集《あつ》めて、事がらの内容《ないよう》をくわしく説明《せつめい》した本《ほん》。

例 百科《ひゃっか》事典で岩石《がんせき》の種類《しゅるい》を調《しら》べる。

知っとく 事典には、「百科事典」「医《い》学《がく》事典」などがある。

あら? この漢字《かんじ》は「、」がもう一《ひと》ついるのかしら。
漢字《かんじ》字典《じてん》を引《ひ》いてあげる!
国字《こくじ》なのよ、「さかき」っていう字《じ》。
国字ってなに?
国語《こくご》辞典《じてん》を引きましょ。
「さかき」のこともっとくわしく知《し》りたいな。
百科《ひゃっか》事典《じてん》にのってるわよ。

しめい

指名・使命

悪《わる》いドラゴンはニンニクがきらいらしい。
大切《たいせつ》な使命《しめい》を果《は》たす者《もの》を指名《しめい》する。
ははっ！
王《おう》さまはおれがカゼひいてるのよくごぞんじだなぁ〜。
これができるのはオマエだけだぞ。
ズズーーッ

指名《しめい》

意味 あることをするよう、名前《なまえ》を指《さ》ししめすこと。

例 投票《とうひょう》の結果《けっか》、山田《やまだ》さんを学級会《がっきゅうかい》の司会《しかい》に**指名**する。／先生《せんせい》に**指名**されて教科書《きょうかしょ》を読《よ》む。／補欠《ほけつ》の選手《せんしゅ》が、代《だい》打《だ》に**指名**される。

佐藤《さとう》くん、48ページから読みなさい。

使命《しめい》

意味 あたえられたつとめ。自分《じぶん》の役目《やくめ》。

例 新聞《しんぶん》の**使命**は、事実《じじつ》を伝《つた》えることだ。／大臣《だいじん》が、重大《じゅうだい》な**使命**をおびて国際会議《こくさいかいぎ》にのぞむ。／戦争《せんそう》で生《い》き残《のこ》った者《もの》の**使命**として、戦争のむごさを伝えていくと祖父《そふ》は言《い》う。

知っとく 「使命感《しめいかん》」は、「使命をはたそうとする強《つよ》い気持《きも》ち」のこと。「使命感に燃《も》える」などと使《つか》う。

しゅうかん

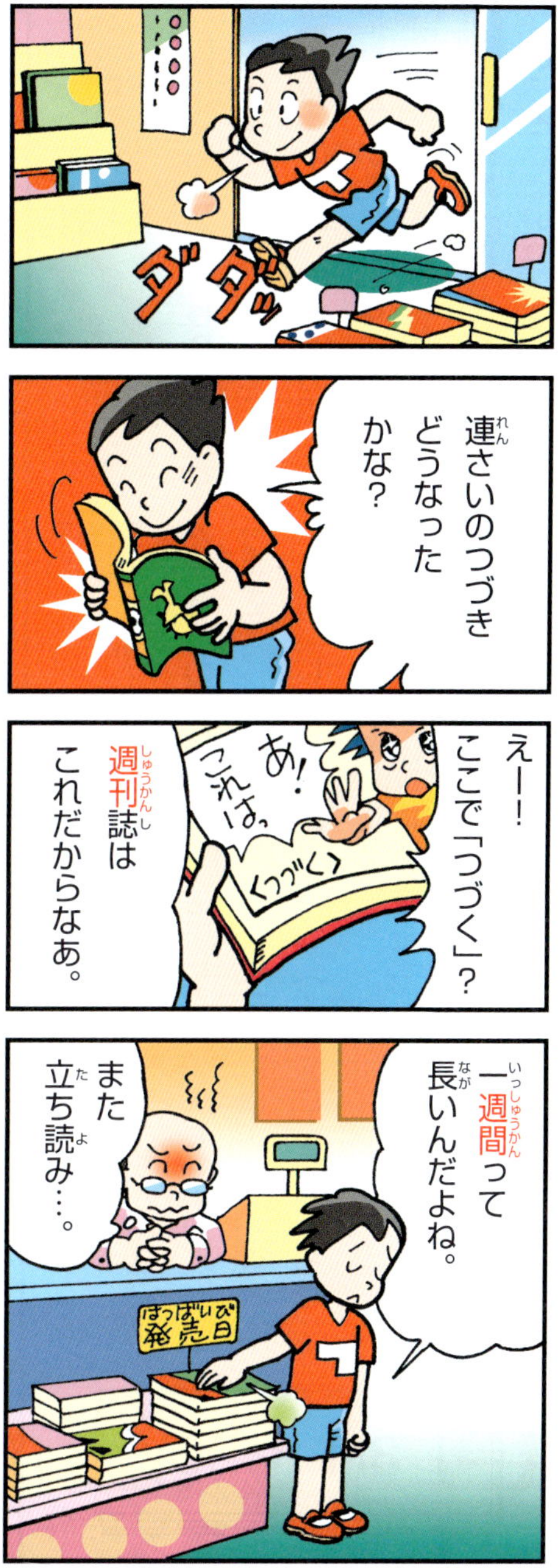

週間・週刊

週間《しゅうかん》

意味 ●七日間《なのかかん》（日曜日《にちようび》から土曜日《どようび》まで）を単位《たんい》として日数《にっすう》を数《かぞ》えることば。●（ほかのことばにつけて）そのことに関《かん》する行事《ぎょうじ》を行《おこな》う七日間。

例 図書館《としょかん》の本《ほん》の貸《か》し出《だ》し期間《きかん》は一《いっ》週間だ。／夏休《なつやす》みの初《はじ》めの二《に》週間で、宿題《しゅくだい》の半分《はんぶん》を終《お》わらせる。／明日《あす》から秋《あき》の交通安全《こうつうあんぜん》週間が始《はじ》まる。／愛鳥《あいちょう》週間には、家族《かぞく》でバードウオッチングに出《で》かける。

週刊《しゅうかん》

意味 新聞《しんぶん》や雑誌《ざっし》などを、一週間《いっしゅうかん》に一回発行《いっかいはっこう》すること。

例 このタウン誌《し》は週刊で、毎週《まいしゅう》火曜日《かようび》に発行されている。／この月刊誌《げっかんし》は、去年《きょねん》までは週刊で発行されていた。／わたしは、週刊の子《こ》ども新聞をとっている。

しゅうし

映画《えいが》のロケはどうでしたか?
とても順調《じゅんちょう》でした。
おいそがしいなか、終始《しゅうし》笑顔《えがお》で答《こた》えてくれました。
さすがです。
あー
つかれた
いい子《こ》ぶりキャラにそろそろ終止《しゅうし》符《ふ》を打《う》ちたいんだけど。
だめよ。

終始・終止

終始《しゅうし》

意味 ●始《はじ》めから終《お》わりまで、ずっと。●始めから終わりまで、態度《たいど》を変《か》えずにやりとおすこと。

例 病気《びょうき》の父《ちち》は、家族《かぞく》との面会《めんかい》の間《あいだ》、終始楽《たの》しそうに話《はな》していた。／約束《やくそく》を破《やぶ》った理由《りゆう》を問《と》われ、苦《くる》しい言《い》い訳《わけ》に終始する。

知っとく 「終始一貫《しゅうしいっかん》」は「始めから終わりまで変《か》わらないこと」という意味《いみ》。

終止《しゅうし》

意味 終《お》わること。おしまい。

例 無意味《むいみ》な争《あらそ》いにようやく終止符《ふ》を打《う》つ（＝ものごとを終わらせる）。

知っとく 「終止符」は、「英文《えいぶん》などで文の終わりにつける点《てん》（＝ピリオド）」のこと。

I am a boy.

しゅうしゅう

収集・収拾

お父《とう》さん、本《ほん》だなを一段《いちだん》使《つか》わせてほしいの。
一段でいいんだね。
古雑誌《ふるざっし》の収集《しゅうしゅう》に出《だ》せるものが、いくつかありそうだな。
いや、しかし。
収拾《しゅうしゅう》がつかなくなっちゃった。
……
ちょっと待《ま》ってて。

収集《しゅうしゅう》

意味 ●一《ひと》つにとり集《あつ》めること。●研究《けんきゅう》や楽《たの》しみのために、同《おな》じ種類《しゅるい》のものを集めること。

例 火曜日《かようび》と金曜日《きんようび》が燃《も》えるごみを収集する日《ひ》です。／インターネットでバスの情報《じょうほう》を収集する。／ぼくの趣味《しゅみ》は切手《きって》の収集だ。／祖父《そふ》は、古《ふる》い焼《や》き物《もの》を収集している。／あの人《ひと》は、ヨーロッパの絵画《かいが》の収集家《か》として知《し》られている。

収《しゅう》◆拾《しゅう》

意味 乱《みだ》れているものごとを、おさめまとめること。

例 会議《かいぎ》は、意見《いけん》がはげしく対立《たいりつ》して、収拾がつかなくなった。／飲食街《いんしょくがい》でのさわぎを収拾するために警官《けいかん》が出動《しゅつどう》する。／部屋《へや》が収拾のつかないほど散《ち》らかる。／話《はな》し合《あ》いがうまくいって、両国《りょうこく》のふん争《そう》が収拾に向《む》かう。

しゅぎょう

修行・修業

◆修行《しゅぎょう》

意味 ●仏《ほとけ》の教《おし》えを学《まな》び、さとりを得《え》られるように努力《どりょく》すること。●学問《がくもん》・武芸《ぶげい》などをおさめ、自分《じぶん》をきたえること。

例 寺《てら》に入《はい》って修行する。／厳《きび》しい修行を積《つ》んで、りっぱな僧《そう》になる。／宮本武蔵《みやもとむさし》は、生《しょう》がい、修行の旅《たび》を続《つづ》けた。

知っとく 「しゅうぎょう」とは読《よ》まない。

◆修業《しゅぎょう》

意味 学問《がくもん》やわざを習《なら》って、身《み》につけること。

例 この店《みせ》の主人《しゅじん》は、フランスで料理《りょうり》の修業をしてきたそうだ。／兄《あに》は、今《いま》、プロゴルファーをめざして修業を積《つ》んでいる。／有名《ゆうめい》な画家《がか》に入門《にゅうもん》して、絵《え》の修業をする。

知っとく 「修業」は、「しゅうぎょう」とも読《よ》む。「修《しゅう》業証書《ぎょうしょうしょ》。」

じゅしょう

科学《かがく》技術《ぎじゅつ》の大会《たいかい》で
我々《われわれ》のチームが
金賞《きんしょう》を受賞《じゅしょう》しました。
金賞
「より正確《せいかく》な
1秒《びょう》のために」
チーム・チクタク
バンザーイ
みんな!
ありがとう。
いっそう研究《けんきゅう》にはげみますぞ。
先生《せんせい》、授賞式《じゅしょうしき》におくれますよ。
ウンウン
ちっとも正確《せいかく》じゃないわね。

受賞・授賞

受賞《じゅしょう》

意味 賞《しょう》を受《う》けること。賞状《しょうじょう》・賞品《しょうひん》などを受《う》け取《と》ること。**対** 授賞《じゅしょう》。

例 兄《あに》が、コンクールで金賞《きんしょう》を**受賞**する。／日本人《にほんじん》の科学者《かがくしゃ》がノーベル賞《しょう》を**受賞**する。／力士《りきし》が、技《ぎ》能賞《のうしょう》を**受賞**した喜《よろこ》びを語《かた》る。

知っとく 「受賞」は賞をあたえられる側《がわ》からいうことばなので、「受賞式《じゅしょうしき》」という言《い》い方《かた》はしない。

授賞《じゅしょう》

意味 賞《しょう》を授《さず》けること。賞状《しょうじょう》・賞《しょう》品《ひん》などをあたえること。**対** 受賞《じゅしょう》。

例 ノーベル賞《しょう》が日本人《にほんじん》の科学者《かがくしゃ》に**授賞**されると発表《はっぴょう》があった。／文学賞《ぶんがくしょう》の選考委員《せんこういいん》が、**授賞**の理由《りゆう》を説明《せつめい》する。／音楽賞《おんがくしょう》の**授賞**式《しき》のようすが、テレビで放送《ほうそう》される。

くん章《しょう》を授けるときは「授章《じゅしょう》」と書《か》くよ。

しょうかい

少年野球《しょうねんやきゅう》の試合《しあい》にグラウンドを使《つか》いたいんですが…。
施設課《しせつか》
照会《しょうかい》します。
次《つぎ》はかんとくを引《ひ》き合《あ》わせなくちゃ。
紹介《しょうかい》します。こちらは…
あ
おお！
保育園《ほいくえん》の卒園《そつえん》以来《いらい》だ！
走《はし》るの、速《はや》かったな。
なんだ、知《し》り合《あ》いなのか。

照会・紹介

照会《しょうかい》

意味 問《と》い合《あ》わせること。

例 野球教室《やきゅうきょうしつ》の申《もう》しこみ方法《ほうほう》について、市《し》の担当者《たんとうしゃ》に照会する。／工場見学《こうじょうけんがく》が可能《かのう》かどうかを会社《かいしゃ》に照会する。／デパートの年末年始《ねんまつねんし》の営業時間《えいぎょうじかん》をメールで照会する。

知っとく 「照会」の「照《しょう》」は、「てらし合《あ》わせる」という意味《いみ》。「照合《しょうごう》・参照《さんしょう》」の「照」も同《おな》じ意味を表《あらわ》す。

紹介《しょうかい》

意味 知《し》らない人《ひと》どうしを引《ひ》き合《あ》わせること。●ものごとを人に知らせること。広《ひろ》めること。

例 母《はは》に友達《ともだち》を紹介する。／兄《あに》は、おじに紹介してもらった会社《かいしゃ》でアルバイトをしている。／新聞《しんぶん》に新刊本《しんかんぼん》を紹介する記事《きじ》がのる。

知っとく 「自己紹介《じこしょうかい》」は、「初《はじ》めて会《あ》う人などに、自分《じぶん》のことをいろいろ知らせること。」という意味《いみ》。

しょうしつ

熱帯雨林《ねったいうりん》が年々《ねんねん》消失《しょうしつ》しているのです。
えータイヘン。
森《もり》がなくちゃ、呼吸《こきゅう》もできなくなるものね。
くよくよ
ゴー
アレ？うちのケムリだ。
何《なに》か燃《も》えてるよ！
サンマ焼失《しょうしつ》。

消失・焼失

消失《しょうしつ》

意味 消《き》えてなくなること。

例 置《お》いてあった荷物《にもつ》が消失する。／森林《しんりん》の消失は、地球《ちきゅう》の環境《かんきょう》に大《おお》きなえいきょうをおよぼす。／治《ち》りょうが効《き》いて、がんが消失する。／有効期限《ゆうこうきげん》を過《す》ぎると権利《けんり》が消失する。

◆焼失《しょうしつ》

意味 焼《や》けてなくなること。また、焼《や》いてなくすこと。

例 お寺《てら》の仏像《ぶつぞう》が火事《かじ》で焼失する。／空《くう》しゅうによる火災《かさい》で、多《おお》くの家屋《かおく》が焼失した。／焼けあとから、焼失をまぬがれた人形《にんぎょう》が出《で》てきた。／火事で大事《だいじ》な書類《しょるい》を焼失する。

しょうすう

小数・少数

小数《しょうすう》の計算《けいさん》テストはみんなよくできましたね。
ちょっとむずかしい問題《もんだい》をやってみましょう。
うーんと。
半分《はんぶん》はできると思《おも》ったけど、
正解者《せいかいしゃ》がこんなに少数《しょうすう》…。

小数《しょうすう》

意味 〇《ゼロ》より大《おお》きく、一《いち》より小《ちい》さい数《かず》。〇《れい》・一《いち》、〇《れい》・〇一《れいいち》など。

例 四《よん》・二五《にご》の小数の部分《ぶぶん》を切《き》り捨《す》てて四《よん》とする。／小数〇《れい》・五《ご》を分数《ぶんすう》に直《なお》すと二分《にぶん》の一《いち》（$\frac{1}{2}$）になる。／ぼくは小数の計算《けいさん》が苦手《にがて》だ。

知っとく 「小数点《しょうすうてん》」は、ここからあとが小数であることを示《しめ》すために、一《いち》の位《くらい》のあとにつける点《てん》のこと。

少数《しょうすう》

意味 数《かず》が少《すく》ないこと。**対** 多数《たすう》。

例 山田《やまだ》くんの出《だ》した案《あん》に反対《はんたい》した人《ひと》は少数だった。／だれもが住《す》みよい町《まち》をつくるには、少数の意《い》見《けん》も尊重《そんちょう》したほうがよい。／この会《かい》の会員《かいいん》になれるのは、限《かぎ》られた少数の人たちだけだ。／この地方《ちほう》の少数の村《むら》に残《のこ》る伝統行事《でんとうぎょうじ》をビデオに記録《きろく》する。

しょよう

今日《きょう》の集《あつ》まりには来《く》るよね。
気《き》が進《すす》まない。
あの、急《きゅう》な所用《しょよう》で…。
メシはぼくのおごりだからさ。
え！ おごり?!
駅《えき》へ行《い》ってタクシーに乗《の》って！
所要《しょよう》時間《じかん》30分《ぷん》でとう着《ちゃく》だ！
新商品《しんしょうひん》なんだ。食《た》べて！
ラーメン？

所用・所要

所用《しょよう》

意味 用事《ようじ》。

例 父《ちち》は、所用で出《で》かけています。／会議《かいぎ》に出席《しゅっせき》する前《まえ》に所用をすませる。／その日《ひ》は所用があって、集《あつ》まりには参加《さんか》できない。／所用のついでに書店《しょてん》に立《た》ち寄《よ》る。

知っとく 用事の内容《ないよう》を具体的《ぐたいてき》に言《い》わずにすませるときなどに使《つか》う。

所要《しょよう》

意味 あることをするのに必要《ひつよう》とすること。

例 工事完成《こうじかんせい》までの所要の日数《にっすう》を計算《けいさん》する。／式《しき》を行《おこな》うにあたって、所要の品々《しなじな》を買《か》いそろえる。／入会《にゅうかい》する前《まえ》に所要の手続《てつづ》きをすませる。

知っとく 「所要時間《しょようじかん》」「所要日数《しょようにっすう》」「所要量《しょようりょう》」のように、ほかのことばにつけて使《つか》われることが多《おお》い。

じんこう

人工《じんこう》の島《しま》の水面下《すいめんか》はドームシティ。居住者《きょじゅうしゃ》ぼ集《しゅう》！
プカプカ
おもしろそう。
ガヤガヤ
どこでも行《い》けそう。
老後《ろうご》はここで。
一年後《いちねんご》
やっぱりおちつかない。
海《うみ》は見《み》あきた。
そして三年後《さんねんご》…
人口《じんこう》はわずか3人《にん》であった。

人工・人口

人工《じんこう》

意味 人《ひと》の手《て》をくわえてつくりだすこと。人間《にんげん》の力《ちから》でつくること。 **対** 天然《てんねん》。自然《しぜん》。

例 川《かわ》をせきとめて、人工の湖《みずうみ》をつくる。／野球場《やきゅうじょう》のグラウンドに人工のしばをはる。／人工の雪《ゆき》を降《ふ》らせて屋内《おくない》スキー場《じょう》をつくる。／人工の真《しん》じゅを使《つか》ったネックレスをつける。

知っとく 似《に》た意味《いみ》のことばに「人造《じんぞう》」がある。

人口《じんこう》

意味 ある広《ひろ》さに住《す》んでいる人《ひと》の数《かず》。

例 日本《にっぽん》の人口は一億二千万人《いちおくにせんまんにん》くらいだ。／村《むら》では、二十歳以下《にじっさいいか》の人口が減《へ》っている。

知っとく 「人口密度《じんこうみつど》」は「その地域《ちいき》の人の数のこみぐあい」という意味《いみ》。

少子化《しょうしか》で日本の人口は減っていくんだって。

しんろ

進路・針路

あす6:00
945hp
台風《たいふう》7号《ごう》は進路《しんろ》を東寄《ひがしよ》りに変《か》えました。

当船《とうせん》は台風をさけるため、針路《しんろ》を変《へん》こうして港《みなと》にひなんします。
えー
困《こま》った。

ビューーッ
オレは、このかばんさえあれば、どこでも商売《しょうばい》できるのさ。
針《はり》を売《う》ってるんだ。
へえ

進路《しんろ》

意味 ●進《すす》んでいく道《みち》。進んでいく道すじ。●人《ひと》が将来《しょうらい》進む方向《ほうこう》。

例 台風《たいふう》が進路を東《ひがし》に変《か》える。／たおれた木《き》が、車《くるま》の進路をさえぎる。／兄《あに》が中学卒業後《ちゅうがくそつぎょうご》の進路を両親《りょうしん》と話《はな》し合《あ》う。

A高《エーこう》にしようか
B高《ビーこう》にしようか。

針路《しんろ》

意味 ●船《ふね》や飛行機《ひこうき》の進《すす》む方向《ほうこう》。●組織《そしき》などがめざす方向。

例 船は、台風《たいふう》をさけて針路を北《きた》にとった。／会社《かいしゃ》の針路を決《き》める重要《じゅうよう》な会議《かいぎ》が開《ひら》かれる。

知っとく 「針路」の「針《しん》」は「羅針盤《らしんばん》（＝船や飛行機などにそなえてある、進む方向を知《し》るための道具《どうぐ》）の針《はり》」を表《あらわ》す。

せいさん

精算・清算・成算

「かけいぼ」ってなんでつけてるの？
そうねー、食費《しょくひ》やガス代《だい》などを精算《せいさん》して…
借《か》りたお金《かね》は早《はや》く清算《せいさん》して…
留学《りゅうがく》！
あなたの将来《しょうらい》のために貯金《ちょきん》をするのが目標《もくひょう》よ。
成算《せいさん》はちょっとうすいんだけど、今月《こんげつ》も…。

精算《せいさん》

意味 金額《きんがく》を細《こま》かく計算《けいさん》して、結果《けっか》を出《だ》すこと。

例 食事《しょくじ》の代金《だいきん》を精算する。／乗《の》りこした電車《でんしゃ》の駅《えき》で、乗りこし料《りょう》金《きん》を精算する。／家《いえ》の改築工事《かいちくこうじ》にかかった費用《ひよう》を精算してもらい、代金をしはらう。

清算《せいさん》

意味 ●貸《か》し借《か》りなどに、きまりをつけること。●今《いま》までの関係《かんけい》やつながりをなくすこと。

例 これまでの借金《しゃっきん》を清算する。／過去《かこ》を清算して、新《あたら》しい生活《せいかつ》を始《はじ》める。／悪《わる》い仲間《なかま》とのつきあいを清算する。

成算《せいさん》

意味 ものごとをうまくやりとげる見《み》こみ。成功《せいこう》の見《み》とおし。

例 わたしには、必《かなら》ず相手《あいて》を説得《せっとく》できるという成算がある。／何《なん》の成算もなしに敵《てき》に立《た》ち向《む》かうのはむちゃだ。／成算があって始《はじ》めたはずの仕事《しごと》が失敗《しっぱい》した。

せいし

制止・静止

制止《せいし》

意味 おさえてやめさせること。

例 観客《かんきゃく》が、係員《かかりいん》の**制止**をふりきって会場《かいじょう》になだれこむ。／電車《でんしゃ》にとび乗《の》ろうとする乗客《じょうきゃく》を駅員《えきいん》が**制止**する。／警官《けいかん》が、路上《ろじょう》でのけんかを**制止**する。／弟《おとうと》が大声《おおごえ》を立《た》てそうになるのを**制止**する。

知っとく 「制《せい》」は「おさえる」という意味《いみ》。同《おな》じ音読《おんよ》みの「製《せい》」を使《つか》って「製止」としない。

静止《せいし》

意味 じっとして動《うご》かないこと。

対 運動《うんどう》。

例 転《ころ》がってきたボールが、足《あし》もとで**静止**する。／モデルの女性《じょせい》は、ポーズをとったまま**静止**している。／DVD《ディーブイディー》を止《と》めて、**静止**した画面《がめん》を見《み》る。

せいちょう

生長・成長

おじいちゃん、芽《め》がまだ出《で》ないよ。
もうすぐ出るよ。
花《はな》がさくかなあ。
ちゃんと生長《せいちょう》しているから大《だい》じょうぶ。
この子《こ》が立派《りっぱ》に成長《せいちょう》したらなあ。
あさがお博士《はかせ》
あ、ツボミ！

生長《せいちょう》

意味 植物《しょくぶつ》が育《そだ》って大《おお》きくなること。

例 あさがおの生長のようすを観察《かんさつ》する。／天候《てんこう》が不順《ふじゅん》で、いねの生長がおくれる。／十年前《じゅうねんまえ》に植《う》えた木《き》が、直径十《ちょっけいじっ》センチメートルに生長している。／生長のはやい木を植えて、森林《しんりん》を復活《ふっかつ》させる。

知っとく 動物《どうぶつ》と植物をいっしょにしていう場合《ばあい》には、「動植物《どうしょくぶつ》の成長《せいちょう》」のように、「成長」を使《つか》う。

成長《せいちょう》

意味 ●人《ひと》や動物《どうぶつ》が育《そだ》って大《おお》きくなること。また、一人前《いちにんまえ》になること。●ものごとが発展《はってん》すること。

例 青虫《あおむし》は、成長してちょうになる。／おじいさんは、孫《まご》の成長を楽《たの》しみにしている。／この会社《かいしゃ》は、めざましい成長をとげた。

知っとく 「植物《しょくぶつ》が育って大きくなる」という意味《いみ》で、「成長」を使《つか》うこともある。

せいねん

青年・成年

お姉《ねえ》ちゃんがカッコイイ青年《せいねん》と話《はな》してるよ。だれかな？
なに！
アッ！おじさん！
小《ちい》さいころ、団地《だんち》でとなりに住《す》んでいたカンジくんよ。
明日《あす》、ここで行《おこな》われるトライアスロン成年《せいねん》の部《ぶ》に出場《しゅつじょう》するんです。

青年《せいねん》

意味 二十歳《にじっさい》前後《ぜんご》の若《わか》い男女《だんじょ》。

例 町内《ちょうない》の青年たちが集《あつ》まって、祭《まつ》りの準備《じゅんび》をする。／十年《じゅうねん》たち、少年《しょうねん》はたくましい青年に成長《せいちょう》した。／父《ちち》は、若いころは、文学《ぶんがく》の好《す》きな青年だったそうだ。

知っとく 「青年たち」「青年期《せいねんき》」などとちがい、「青年」だけで使《つか》う場合《ばあい》は、「若い男性《だんせい》」を指《さ》すことが多《おお》い。

成年《せいねん》

意味 心《こころ》や体《からだ》が一人前《いちにんまえ》になったと見《み》られる年《とし》。（日《に》本《っぽん》の法律《ほうりつ》では満二十歳《まんにじっさい》以上《いじょう》をいう。）

対 未成年《みせいねん》。

例 成年に達《たっ》した人《ひと》には選挙権《せんきょけん》があたえられる。／コンクールの成年の部《ぶ》で入賞《にゅうしょう》する。／父《ちち》が、成年男《だん》子《こ》百《ひゃく》メートル競走《きょうそう》に出場《しゅつじょう》した。／成年男女《だんじょ》十人《じゅうにん》と子《こ》ども五人《ごにん》のグループで旅《たび》をする。

知っとく 「未成年」を「未青年」と書《か》くのはまちがい。

ぜっこう

絶交・絶好

絶交《ぜっこう》だ！
三日後《みっかご》
そろそろ仲直《なかなお》りしたいらしいのよ。
うちもよ。
グラグラグラ
あ！地震《じしん》！
大《だい》じょうぶだった？
うん！きみは？
絶好《ぜっこう》のタイミングね。

絶交《ぜっこう》

意味 つきあいをやめること。

例 はげしいけんかの末《すえ》に、友達《ともだち》と絶交してしまった。／何度《なんど》も約束《やくそく》を破《やぶ》るので、ついに絶交を言《い》いわたした。／かれと絶交して、もう一《いっ》か月《げつ》になる。／国《くに》と国が絶交することを国交断絶《こっこうだんぜつ》という。

知っとく 「絶交」を訓読《くんよ》みすると「交《まじ》わりを絶《た》つ」となる。

絶好《ぜっこう》

意味 ものごとをするのに、このうえなくよいこと。

例 無死満《むしまん》るいという、逆転《ぎゃくてん》の絶好のチャンスがおとずれた。／朝《あさ》から晴《は》れて、今日《きょう》は絶好の遠足《えんそく》びよりだ。／この城《しろ》は、守《まも》るのに絶好の場所《ばしょ》にある。／天体観測《てんたいかんそく》に絶好の気象条件《きしょうじょうけん》がそろう。

知っとく 「絶好」の「絶《ぜつ》」は、「このうえない」の意《い》味《み》を表《あらわ》す。「絶景《ぜっけい》・絶品《ぜっぴん》・絶大《ぜつだい》」の「絶」も同《おな》じ。

ぜんしん

全身・前身・前進

全身《ぜんしん》真《ま》っ赤《か》な服《ふく》を着《き》てるの、町会長《ちょうかいちょう》さんだって。
オハヨー！
ここから公園《こうえん》まで町内清掃《ちょうないせいそう》です。
わたしが先頭《せんとう》で行《い》きますね。
町会長！前身《ぜんしん》はパイロットとか。
ええ国際線《こくさいせん》に…。
ぺちゃくちゃ
へえー
ほお
おしゃべりばかりで前進《ぜんしん》しないじゃないか。

全身《ぜんしん》

意味 体全体《からだぜんたい》。体中《からだじゅう》。**対** 半身《はんしん》。

例 赤《あか》ちゃんの全身を毛布《もうふ》でくるむ。／川《かわ》に落《お》ちて全身ずぶぬれになる。／ほっとして、全身から力《ちから》がぬける。／ばんざいをして、全身で喜《よろこ》びを表《あらわ》す。

前身《ぜんしん》

意味 ●その人《ひと》の前《まえ》の身分《みぶん》・職業《しょくぎょう》。**対** 後身《こうしん》。●今《いま》のようになる前のかたち。**対** 後身。

例 レストランの主人《しゅじん》の前身は、タレントだ。／この会社《かいしゃ》の前身は、小《ちい》さな洋品店《ようひんてん》だった。／ピアノの前身である楽器《がっき》について調《しら》べる。

前進《ぜんしん》

意味 前《まえ》へ進《すす》むこと。**対** 後退《こうたい》。後進《こうしん》。

例 車《くるま》が前進する。／前進と後退をくり返《かえ》し、なかなか前へ進まない。／過去《かこ》をふり返《かえ》らず、前進する。／新《あたら》しい資料《しりょう》の発見《はっけん》で、研究《けんきゅう》が一歩《いっぽ》前進する。

そうぞう

想像・創造

お母《かあ》さん もうちょっと待《ま》っててね。
まあ！ だいたんな色使《いろづか》いね。
ケンちゃんは、創造力《そうぞうりょく》がすぐれているのかも。
ニューヨークで個展《こてん》を開《ひら》いて…。
お母さんの想像力《そうぞうりょく》、オーバーすぎる。
ワクワク

想像《そうぞう》

意味 実際《じっさい》にないものや経験《けいけん》していないことを、あれこれと思《おも》いうかべること。

例 弟《おとうと》の喜《よろこ》ぶ顔《かお》を想像する。／「宝《たから》くじに当《あ》たったら…」と想像する。／目《め》の前《まえ》に、想像を絶《ぜっ》する（＝想像をはるかにこえる）美《うつく》しい風景《ふうけい》が広《ひろ》がる。

知っとく 似《に》た意味《いみ》のことばに「空想《くうそう》」がある。（→P159参《さん》照《しょう》）

創造《そうぞう》

意味 今《いま》までにないものを、新《あたら》しくつくりだすこと。

例 神《かみ》が天地《てんち》を創造した物語《ものがたり》を読《よ》む。／人《ひと》まねでなく、自分《じぶん》で考《かんが》え、創造する力《ちから》をつける。／伝統《でんとう》を守《まも》りつつ、新しい文化《ぶんか》を創造する。／日本人《にほんじん》は、外国《がいこく》のことばを取《と》り入《い》れて、多《おお》くの新しいことばを創造してきた。／あの画家《がか》は、創造的《てき》な意欲《いよく》にあふれている。

そなえる

供える・備える

久《ひさ》しぶりの
お墓参《はかまい》りね。
さあ、お線《せん》こうを
供《そな》えましょう。
あらっ、ないわ。
ハイ！
花切《はなき》りバサミが
いるわね。
ハイ！
イヤ
助《たす》かった。
備《そな》えて
おいて
よかった。

供《そな》える

意味 神《かみ》や仏《ほとけ》に、ささげる。

例 お墓《はか》に花《はな》を供える。／神《かみ》だなに鏡《かがみ》もちを供える。／多《おお》くのぎせい者《しゃ》を出《だ》した事故《じこ》の現場《げんば》に、人々《ひとびと》が花やろうそくを供える。／お月《つき》見《み》の夜《よる》、お月《つき》さまにだんごを供える。

備《そな》える

意味 ●前《まえ》もって用意《ようい》する。●機械《きかい》などを取《と》りつける。●持《も》っている。

例 雨戸《あまど》をしめて台風《たいふう》に備える。／貯金《ちょきん》をして老後《ろうご》に備える。／明日《あす》の試合《しあい》に備えて、早《はや》くねる。／居《い》間《ま》にエアコンを備える。／火事《かじ》に備えて、台所《だいどころ》に消《しょう》火器《かき》を備える。／そのピアニストは、幼《おさな》いころから音楽《おんがく》の才能《さいのう》を備えていた。

たいしょう

対象・対照・対称

お父《とう》さん
算数《さんすう》教《おし》えて。
よしよし。
図形《ずけい》の対称《たいしょう》を
利用《りよう》して
解《と》くんだけど。
ムズカシイ。
この問題集《もんだいしゅう》
本当《ほんとう》に
小学生《しょうがくせい》対象《たいしょう》なの？
そうだよ。
もちろん！
な、
なんとか
解けたぞ。
もはん解答《かいとう》と
対照《たいしょう》すると、
お父さんの
やり方《かた》は
遠回《とおまわ》りだな。

対象《たいしょう》

意味 目標《もくひょう》・めあてとなるもの。

例 この本《ほん》は、小学生《しょうがくせい》を対象にしている。／三十代《さんじゅうだい》の女性《じょせい》を対象にアンケート調査《ちょうさ》をする。／三割引《さんわりび》きの対象となる商品《しょうひん》には赤札《あかふだ》がつけてあります。／男性《だんせい》を対象にした料理教室《りょうりきょうしつ》を開《ひら》く。

対照《たいしょう》

意味 二《ふた》つのものをくらべ合《あ》わせること。また、くらべたときのちがいがはっきりしていること。

例 新《あたら》しい時刻表《じこくひょう》と古《ふる》い時刻表を対照して、ちがいを調《しら》べる。／あの二人《ふたり》は、仲《なか》はよいが性格《せいかく》は対照的《てき》だ。

対称《たいしょう》

意味 ある図形《ずけい》の左右《さゆう》の部分《ぶぶん》が、中心《ちゅうしん》の線《せん》などで折《お》ると、まったく重《かさ》なり合《あ》う関係《かんけい》にあること。

例 二等辺三角形《にとうへんさんかっけい》は、左右が対称な図形だ。

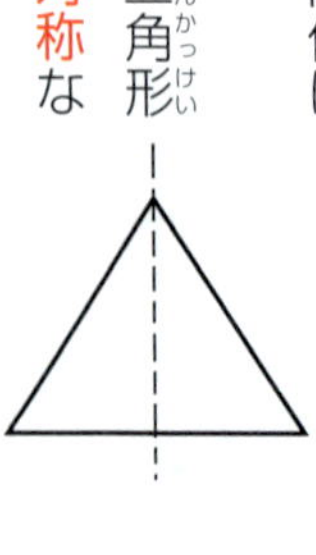

大勢・体制・体勢・態勢

たいせい

駅伝
レースの大勢《たいせい》は、ほぼ決《き》まりました。
体勢《たいせい》にも、少《すこ》しの乱《みだ》れもありません。
チームの体制《たいせい》を一新《いっしん》したことが勝因《しょういん》でしょう。
ゴールでは表《ひょう》しょう式《しき》の態勢《たいせい》もととのいました。

大勢《たいせい》

意味 ものごとや世《よ》の中《なか》の、おおまかななりゆき。

例 七回《ななかい》にホームランで大量得点《たいりょうとくてん》し、これで試合《しあい》の**大勢**が決《き》まった。／今回《こんかい》の選挙《せんきょ》では、野党《やとう》が優位《ゆうい》との見方《みかた》が**大勢**だ。／来年《らいねん》の世《せ》界《かい》の**大勢**を予想《よそう》する。

体制《たいせい》

意味 あるまとまったはたらきをする（社会《しゃかい》の）しくみ。

例 多《おお》くの国《くに》は、民主主義《みんしゅしゅぎ》の**体制**をとっている。／来《らい》シーズンに向《む》けて、チームの**体制**を新《あたら》しくする。／日本《にっぽん》の義務教育《ぎむきょういく》は、六《ろく》・三《さん》の**体制**をとっている。

体勢《たいせい》

意味 体《からだ》のかまえ。姿勢《しせい》。

例 後《うし》ろからおされて**体勢**をくずす。／体操《たいそう》の選手《せんしゅ》が、回転《かいてん》から着《ちゃく》地《ち》の**体勢**に入《はい》る。／レスリングで、相手《あいて》の足《あし》を取《と》り、有利《ゆうり》な**体勢**にもちこむ。／転《ころ》んだが、すばやく立《た》ち上《あ》がって**体勢**を立《た》て直《なお》す。

態勢《たいせい》

意味 身《み》がまえ。準備《じゅんび》。

例 消防隊員《しょうぼうたいいん》は、いつでも出動《しゅつどう》できる**態勢**にある。／ひなん民《みん》を受《う》け入《い》れる**態勢**がととのう。／敵《てき》のこうげきに対応《たいおう》する**態勢**は、すでにできている。／ビル警備《けいび》の**態勢**を強化《きょうか》する。

たいめん

体面・対面

体面《たいめん》

意味 世間《せけん》に対《たい》するていさい。みえ。めんぼく。

例 人前《ひとまえ》で悪口《わるくち》を言《い》われて、体面をきずつけられる。／体面にこだわらずに、自分《じぶん》の好《す》きなように生《い》きる。／泣《な》き出《だ》したいのをがまんして、何《なん》とか体面を保《たも》った。／失礼《しつれい》なことを言って、相手《あいて》の体面をけがす。／祖父《そふ》は昔《むかし》かたぎの人《ひと》なので、体面をとても重《おも》んじる。

対面《たいめん》

意味 直接《ちょくせつ》、顔《かお》を合《あ》わせること。

例 生《い》き別《わか》れた母《はは》と子《こ》が、二十年《にじゅうねん》ぶりに対面する。／二人《ふたり》の候補者《こうほしゃ》が対面して、意見《いけん》をたたかわせる。／電話《でんわ》やメールだけでなく、対面しての相談《そうだん》にも応《おう》じる。／ひがい者《しゃ》と対面して、事故《じこ》のようすをくわしく聞《き》く。

たつ①

空《あ》き地《ち》に
看板《かんばん》が立《た》って
いるよ。
何《なに》が
建《た》つんだろう？
たのしみー。
10階建《かいだ》て
マンション?!
こんな
せまいところに！
○○マンション
建設予定地《けんせつよていち》
地上《ちじょう》10階《かい》

立つ・建つ

立《た》つ

意味 ● すわったり横《よこ》になったりしていたものが、おきあがる。● まっすぐたてになって、そこにある。

例 老人《ろうじん》に席《せき》をゆずるために立つ。／駅前《えきまえ》に立って、会場《かいじょう》への道順《みちじゅん》を案内《あんない》する。／ビルの屋上《おくじょう》にアンテナが立つ。／道路《どうろ》のわきに大《おお》きな看板《かんばん》が立つ。

知っとく 「立つ」には、このほか「(けむりなどが) 上《うえ》に上《あ》がる」「(うわさなどが) 広《ひろ》まる」などの意味《いみ》もある。

建《た》つ

意味 建物《たてもの》がつくられる。

例 駅前《えきまえ》に高層《こうそう》マンションが建つ。／おかの上《うえ》に教会《きょうかい》が建っている。／工場《こうじょう》のあと地《ち》には、大《おお》きなショッピングセンターが建つ予定《よてい》になっている。／となりに、しゃれた家《いえ》が建った。

知っとく 「家などがたちならぶ」の場合《ばあい》は、「立《た》ち並《なら》ぶ」と書《か》く。

たつ②

昔《むかし》の着物《きもの》を裁《た》って作《つく》った人形《にんぎょう》の人気《にんき》が出《で》て…
注文《ちゅうもん》があとを絶《た》たないのよ。
いそがしいのね。
ピロロロロ…
はいはい。
おじいちゃんが電話番《でんわばん》ね。
においがつくといけないからたばこも断《た》つことにしたんじゃ。
一石二鳥《いっせきにちょう》！

絶つ・断つ・裁つ

絶《た》つ

意味 ●つながりをうちきる。●終《お》わらせる。

例 悪《わる》い仲間《なかま》とのつきあいを**絶つ**。／探検隊《たんけんたい》が連《れん》らくを**絶って**から、もう三日《みっか》にもなる。／自分《じぶん》の命《いのち》を**絶っては**ならない。／交通事《こうつうじ》故《こ》があとを**絶たない**。

◆断《た》つ

意味 ●切《き》る。切《き》りはなす。●続《つづ》いていたことをやめる。●さえぎる。

例 ぴんとはったロープをナイフで**断つ**。／父《ちち》は健康《けんこう》のためにたばこを**断った**。／土砂《どしゃ》くずれで、となりの町《まち》との交通《こうつう》が**断たれた**。

◆裁《た》つ

意味 寸法《すんぽう》に合《あ》わせて、布《ぬの》や紙《かみ》などを切《き》る。

例 洋服《ようふく》の型紙《かたがみ》に合わせて布地《ぬのじ》を**裁つ**。／洋品店《ようひんてん》で、生地《きじ》を必要《ひつよう》な長《なが》さに**裁って**もらう。／じょうぶな布を一《いっ》センチメートルのはばで**裁ち**、ひもを作《つく》る。

たま

玉・球・弾

玉《たま》

意味 ●まるい形《かたち》をしたもの。●美《うつく》しい宝石《ほうせき》や真《しん》じゅ。また、美しいもの、大切《たいせつ》なもののたとえ。

例 毛糸《けいと》の玉を買《か》い、編《あ》み物《もの》をする。／眼鏡《めがね》の玉（＝レンズ）がわれる。／額《ひたい》から玉のあせが流《なが》れる。／玉のような男《おとこ》の子《こ》が生《う》まれた。

球《たま》

意味 （ボールのような）まるい形《かたち》をしたもの。

例 あのピッチャーは速《はや》い球を投《な》げる。／けられた球をヘディングでゴールに入《い》れる。／サーブで打《う》った球がネットにかかる。／電気《でんき》の球が切《き》れる。

弾《たま》

意味 鉄《てっ》ぽうや大《たい》ほうのたま。弾《だん》丸《がん》。

例 鉄ぽうに弾をこめる。／りょうじゅうの弾が、えものに命中《めいちゅう》する。／弾が飛《と》びかう戦場《せんじょう》で、命《いのち》がけで取材《しゅざい》する。

ついきゅう

人間《にんげん》はいつも
理想《りそう》を追求《ついきゅう》する
姿勢《しせい》が大切《たいせつ》だと
思《おも》います。
ボクは宇宙《うちゅう》の
真理《しんり》を追究《ついきゅう》する
学者《がくしゃ》になると
心《こころ》に決《き》めています。
りっぱな作文《さくぶん》
ですが、
なぜ提出《ていしゅつ》が
一週間《いっしゅうかん》もおくれたの？
それが
その――
追及《ついきゅう》
されちゃった。

追求・追究・追及

追求《ついきゅう》

意味 めあてのものを、どこまでも追《お》いかけて、手《て》に入《い》れようとすること。追《お》い求《もと》めること。

例 利益《りえき》をとことんまで追求する。／人々《ひとびと》の幸福《こうふく》を追求する。／世界《せかい》の国々《くにぐに》が一《ひと》つになって、平和《へいわ》を追求する。

追究《ついきゅう》

意味 学問《がくもん》などで、わからないものごとを、どこまでもさぐって明《あき》らかにしようとすること。

例 星《ほし》を観測《かんそく》して、宇宙《うちゅう》のなぞを追究する。／科学《かがく》は、自然《しぜん》の真理《しんり》を追究する学問だ。／事故《じこ》の原因《げんいん》を追究する。

追及《ついきゅう》

意味 どこまでも調《しら》べて、追《お》いつめること。

例 国会《こっかい》で、国会議員《こっかいぎいん》が政府《せいふ》の責任《せきにん》を追及する。／警察《けいさつ》が犯人《はんにん》を追及する。／もれた情報《じょうほう》の出《で》どころを追及する。／友達《ともだち》に、昨日《きのう》の練習《れんしゅう》をさぼった理由《りゆう》を追及された。

つく

将来《しょうらい》、音楽関係《おんがくかんけい》の仕事《しごと》に就《つ》きたいなあ。
そうか、ぼくはね…
あ、話《はなし》に夢中《むちゅう》で道《みち》をまちがえちゃった。
これじゃ駅《えき》に着《つ》かないな。
この空《あ》き地《ち》をつっきって行《い》こう。
草《くさ》のタネが付《つ》いてしまった。
スゴイことになってるぞ。

付く・着く・就く

付《つ》く

意味 ●くっつく。●加《くわ》わる。そなわる。●はっきりする。

例 ズボンにどろが付く。／かばんにきずが付く。／勉強《べんきょう》すると学力《がくりょく》が付く。／知識《ちしき》が身《み》に付く。／おかしにおまけが付く。／決心《けっしん》が付く。

着《つ》く

意味 めあての所《ところ》に行《い》きつく。めあての所に届《とど》く。

例 電車《でんしゃ》が駅《えき》に着く。／旅館《りょかん》に着いたら電話《でんわ》をください。／ようやく山《やま》の頂上《ちょうじょう》に着いた。／友達《ともだち》からの手紙《てがみ》がまだ着かない。／早《はや》く来《き》た人《ひと》から順《じゅん》に席《せき》に着く。

◆就《つ》く

意味 ●ある地位《ちい》や身分《みぶん》になって、その仕事《しごと》をする。●めあてのものごとにとりかかる。始《はじ》める。

例 父親《ちちおや》のあとをついで社長《しゃちょう》の地位に就く。／大学《だいがく》を卒業《そつぎょう》して職《しょく》に就く。／つかれていたので、夜《よる》の八時《はちじ》にはねむりに就いた。

つくる

作る・造る

百年前《ひゃくねんまえ》に造《つく》られたみそぐらです。今《いま》も使《つか》われていますよ。
へぇー

作《つく》る

意味 ものを新《あたら》しくこしらえる。今《いま》までになかったものを新しくもうける。

例 紙《かみ》を折《お》って人形《にんぎょう》を作る。／野菜《やさい》と卵《たまご》でサラダを作る。／風景《ふうけい》をながめながら詩《し》を作る。／畑《はたけ》で野菜を作る。／新しい規則《きそく》を作る。／働《はたら》いて財産《ざいさん》を作る。

知っとく 「作る」は、ものだけではなく、「笑顔《えがお》を作る」のように、そのようなようすをする意味《いみ》でも使《つか》う。

原料《げんりょう》の大豆《だいず》は品種改良《ひんしゅかいりょう》でよいものが作《つく》られています。
へぇー

造《つく》る

意味 ●建物《たてもの》など、大《おお》きなものをこしらえる。●酒《さけ》・みそ・しょうゆなどをこしらえる。

例 二階建《にかいだ》ての家《いえ》を造る。／石油《せきゆ》を運《はこ》ぶための船《ふね》を造る。／町《まち》の中央《ちゅうおう》に公園《こうえん》を造る。／山《やま》をけずって宅地《たくち》を造る。／米《こめ》から日本酒《にほんしゅ》を造る。

知っとく 「造る」は、「作《つく》る」に比《くら》べて規模《きぼ》の大きいものをこしらえる場合《ばあい》に使《つか》うのがふつう。

つとめる

努める・務める・勤める

ママ、来週《らいしゅう》の発表会《はっぴょうかい》には来《く》る？
もちろんよ。
ママは保護者会《ほごしゃかい》の記録係《きろくがかり》を務《つと》めるのよ。
へぇー！
パパは？
新《あたら》しい会社《かいしゃ》に勤《つと》めたばかりだからねえ…。
あ！
休《やす》めるように努《つと》めてみるから。
ガッカリ…

努《つと》める

意味 一生《いっしょう》けんめいにおこなう。力《ちから》をつくす。

例 だれとでも仲良《なかよ》くするように**努める**。／健康《けんこう》のために、一日一《いちにちいち》時間以上歩《じかんいじょうある》くように**努める**。／どんなにつらくても、人前《ひとまえ》では泣《な》かないように**努める**。

務《つと》める

意味 役目《やくめ》をうけもつ。

例 学級会《がっきゅうかい》で司会《しかい》を**務める**。／祖《そ》父《ふ》は町内会《ちょうないかい》の会長《かいちょう》を**務めて**いる。／姉《あね》は、今度《こんど》の展示会《てんじかい》で、会場《かいじょう》の案内役《あんないやく》を**務める**。／劇《げき》では、田中《たなか》くんが主役《しゅやく》を**務め**、ぼくは照明係《しょうめいがかり》を**務める**。

勤《つと》める

意味 役所《やくしょ》や会社《かいしゃ》などに行《い》って働《はたら》く。

例 わたしの父《ちち》は銀行《ぎんこう》に**勤めて**いる。／料理《りょうり》の好《す》きな兄《あに》は、将来《しょうらい》レストランに**勤めたい**そうだ。／母《はは》は、看護師《かんごし》として病院《びょういん》に**勤めて**いる。

てきかく

的確・適格

そんなにおかしい？
アハハハ
ゴローくんは笑《わら》いじょうごなんだわ！
マンガ部《ぶ》の部長《ぶちょう》に適格《てきかく》だと思《おも》います。
そう？
おもしろーい！どんどん書《か》いてよ。
アハハハ
そう？
先生《せんせい》の判断《はんだん》は的確《てきかく》でしたね。

的確《てきかく》

意味 くるいがなく確《たし》かなこと。確かでまちがいのないこと。

例 どちらの方法《ほうほう》をとるべきか的確に判断《はんだん》する。／かんとくが選手《せんしゅ》に、練習《れんしゅう》の内容《ないよう》を的確に指示《しじ》する。／今《いま》の気持《きも》ちを的確に表《あらわ》すことばが見《み》つからない。／記者《きしゃ》が、事故現場《じこげんば》の状《じょう》きょうを的確につかみ、ニュースで伝《つた》える。

適格《てきかく》

意味 ある資格《しかく》にあてはまること。

例 山田《やまだ》くんは人《ひと》の意見《いけん》をよく聞《き》くので、クラス委員《いいん》に適格だと思《おも》う。／自分《じぶん》がパイロットとして適格かどうか、本《ほん》で調《しら》べてみる。／うちで預《あず》かっていた子犬《こいぬ》が、盲導《もうどう》犬《けん》として適格と認《みと》められた。

クラス委員に
は山田くんが
適格だと
思います。

とうとい

尊《とうと》いお話《はなし》を
おもしろく
聞《き》かせてくださるわ。
でも足《あし》が
しびれて…
立《た》てそうも
ないわ〜。
昔《むかし》の人《ひと》たちは
貴《とうと》い人も、
そうでない人も、
エライわよねー。
だらだら〜〜
ピッ
父上《ちちうえ》、おはようございまする

尊い・貴い

尊《とうと》い

意味 大切《たいせつ》なものとしてうやまうべきである。尊敬《そんけい》できる。

例 寺《てら》のお堂《どう》には、尊い仏像《ぶつぞう》がまつられている。／お寺でおぼうさんの尊い話《はなし》を聞《き》く。／恩師《おんし》の尊い教《おし》えを守《まも》る。／尊いぎせいをはらって、ダム工事《こうじ》が完成《かんせい》する。

知っとく 「尊《とうと》い」は「尊《たっと》い」ともいう。

◆貴《とうと》い

意味 ●価値《かち》が高《たか》い。●位《くらい》や身分《みぶん》が高い。

例 蔵《くら》には、貴い宝物《ほうもつ》がしまわれている。／健康《けんこう》は、お金《かね》や財産《ざいさん》よりも貴い。／老人《ろうじん》ホームの人《ひと》たちと交流《こうりゅう》して、貴い経験《けいけん》をする。／宮殿《きゅうでん》は、昔《むかし》、身分の貴い人が住《す》んだ建物《たてもの》だ。

知っとく 「貴《とうと》い」は「貴《たっと》い」ともいう。

とく

解く・説く

解《と》く

意味 ●結《むす》んだり編《あ》んだりしてあるものを、ほどく。●問題《もんだい》の答《こた》えを出《だ》す。●自由《じゆう》にする。●なくす。

例 箱《はこ》のリボンを解く。／古《ふる》いセーターを解いて編み直《なお》す。／よごれた包帯《ほうたい》を解いて交《こう》かんする。／算《さん》数《すう》の問題を解く。／いん石《せき》を研究《けんきゅう》して、宇宙《うちゅう》のなぞを解く。／さわぎがおさまったので、警察《けいさつ》が警《けい》かいを解く。／よく説明《せつめい》して、友達《ともだち》の誤解《ごかい》を解く。

説《と》く

意味 よくわかるように言《い》って聞《き》かせる。説明《せつめい》する。

例 筆者《ひっしゃ》は、この文章《ぶんしょう》で、自然《しぜん》を守《まも》ることの大切《たいせつ》さを説いている。／医者《いしゃ》が、健康《けんこう》のためにはバランスのとれた食事《しょくじ》が大切だと説く。

知っとく 「説きふせる」は「説明して自分《じぶん》にしたがわせる」、「説き明《あ》かす」は「ものごとの内容《ないよう》や意味《いみ》がわかるように話《はな》す」という意味。

ととのえる

整える・調える

衣類《いるい》は
きちんと整《ととの》えて
タンスにしまうのよ。
はい。
新《あたら》しい家具《かぐ》も
いくつか
調《ととの》える必要《ひつよう》が
あるわね。
コレコレ！
インターネットで
買《か》えて
便利《べんり》だわ。
同《おな》じテーブルが
二《ふた》つもいるの？
ママ！

整《ととの》える

意味 乱《みだ》れているものをきちんとする。

例 げん関《かん》にぬぎすててあったくつを**整える**。／お客《きゃく》さんが来《く》る前《まえ》に部屋《へや》を**整える**。／風《かぜ》で乱れたかみの毛《け》を**整える**。／試験《しけん》の前の晩《ばん》は早《はや》くねて、体調《たいちょう》を**整えて**おくようにする。／走《はし》ったあと、しばらく静《しず》かにして呼吸《こきゅう》を**整える**。／前にならえをして、列《れつ》を**整える**。

◆調《ととの》える

意味 ●必要《ひつよう》なものをそろえる。したくをする。●まとめる。成立《せいりつ》させる。

例 新《あたら》しい家《いえ》で使《つか》う家具《かぐ》を**調える**。／スーパーに行《い》って、料理《りょうり》の材料《ざいりょう》を**調える**。／すぐに実験《じっけん》にとりかかれるよう、準備《じゅんび》を**調える**。／旅行《りょこう》の費用《ひよう》を**調える**。／土地《とち》の売買《ばいばい》のけい約《やく》を**調える**。

とまる

止まる・留まる・泊まる

お母《かあ》さん、
この目覚《めざ》まし時計《どけい》
止《と》まっているよ。
あら！
健《けん》ちゃん、よく目《め》に
留《と》まったわね。
はい！
電池《でんち》。
しんせきの受験生《じゅけんせい》が
泊《と》まっているというのに
ねぼうしたら一大事《いちだいじ》！
ケンジお兄《にい》ちゃん、たいへんだね。

止《と》まる

意味 動《うご》いていたものが動かなくなる。続《つづ》いていたものがやむ。

例 車《くるま》が横断歩道《おうだんほどう》の手前《てまえ》で止まる。／電池《でんち》が切《き》れて時計《とけい》が止まる。／びっくりして息《いき》が止まりそうになる。／薬《くすり》のおかげで痛《いた》みが止まる。／配管《はいかん》の工事《こうじ》で水道《すいどう》が止まる。

留《と》まる

意味 ●ある所《ところ》からはなれなくなる。●心《こころ》に残《のこ》る。

例 食《た》べすぎて上着《うわぎ》のボタンが留まらない。／ポスターがうまくかべに留まる。／庭《にわ》の赤《あか》い花《はな》が目《め》に留まる。／友達《ともだち》のひとことが心に留まる。／うわさ話《ばなし》が耳《みみ》に留まる。

泊《と》まる

意味 ●自分《じぶん》の家《いえ》でない所《ところ》で夜《よる》を過《す》ごす。●船《ふね》がいかりをおろして休《やす》む。

例 修学旅行《しゅうがくりょこう》で旅館《りょかん》に泊まる。／登山《とざん》をして山小屋《やまごや》に泊まる。／明《あ》日《す》、父《ちち》の友人《ゆうじん》がうちに泊まる。／外国《がいこく》の船《ふね》が、日本《にっぽん》の港《みなと》に泊まる。

とる

リュックの後《うし》ろから図《ず》かんを取《と》ってくれる?
これだね。
これは香草《こうそう》だね。ママのおみやげに少《すこ》し採《と》っていこう。
つーん。
にゅる。
青虫《あおむし》も捕《と》ってきちゃった!
ママ。

取る・採る・捕る

取《と》る

意味 ●つかむ。にぎる。●自分《じぶん》のものにする。●除《のぞ》く。

例 電話《でんわ》の受話器《じゅわき》を取る。／絵本《えほん》を手《て》に取る。／新幹線《しんかんせん》の指定席《していせき》を取る。／自動車《じどうしゃ》の運転免許《うんてんめんきょ》を取る。／テストで百点《ひゃくてん》を取る。／校《こう》庭《てい》の草《くさ》を取る。

採《と》る

意味 ●さがして集《あつ》める。●役《やく》に立《た》つもの、価値《かち》のあるものとして選《えら》んで用《もち》いる。

例 こん虫《ちゅう》を採って標本《ひょうほん》にする。／山《やま》で薬草《やくそう》を採る。／面接試験《めんせつしけん》をして新入社員《しんにゅうしゃいん》を採る。／二《ふた》つの提《てい》案《あん》のうち、賛成《さんせい》の多《おお》いほうを採る。

捕《と》る

意味 (動物《どうぶつ》などを)とらえる。つかまえる。

例 川《かわ》で魚《さかな》を捕って遊《あそ》ぶ。／わなをしかけて、人里《ひとざと》に現《あらわ》れたいのししを捕る。／ねこがねずみを捕る。／外野手《がいやしゅ》が、飛《と》んできたフライを捕る。

なおす

直す・治す

直《なお》す

意味 ●こわれたり悪《わる》くなったりしたものを、もとのよい状態《じょうたい》にする。正《ただ》しくする。●基準《きじゅん》のちがうものにかえる。

例 こわれた時計《とけい》を**直す**。／鏡《かがみ》を見《み》て、服装《ふくそう》を**直す**。／弟《おとうと》がおもちゃをもらってきげんを**直す**。／先生《せい》に注意《ちゅうい》されてことばづかいを**直す**。／通訳《つうやく》が英語《えいご》を日本語《にほんご》に**直す**。／マイルをキロメートルに**直す**。

治《なお》す

意味 けがや病気《びょうき》をよくする。

例 薬《くすり》をぬって、足《あし》のけがを**治す**。／かぜを**治す**には、あたたかくしてねるのが一番《いちばん》だ。／病気は、早《はや》い時期《じき》に発見《はっけん》して**治す**ことが大切《たいせつ》だ。／歯医者《はいしゃ》さんに虫歯《むしば》を**治して**もらう。

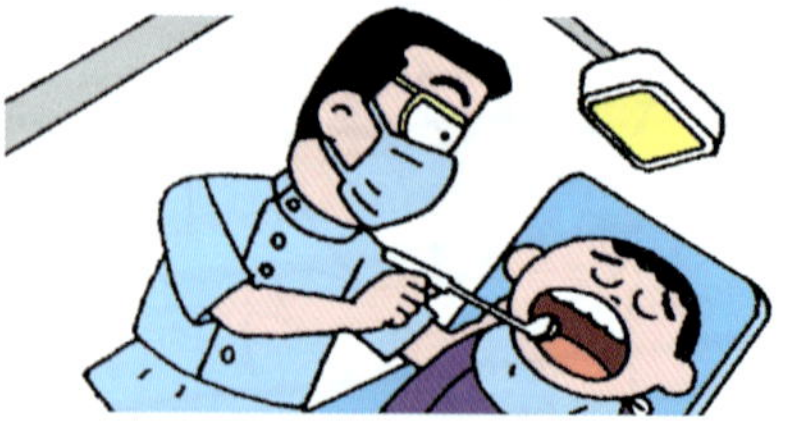

なか

おまえなんかきらいだ！
あたしだって！
きゃあ夕立《ゆうだち》だわ！
はは、ぼくはかさ持《も》ってるもんね。
しかたないな。中《なか》に入《はい》れよ。
いいの？
あれ、仲《なか》がよくなったみたいね。
ほんとだね。

中・仲

中《なか》

意味 ●内《うち》がわ。内部《ないぶ》。**対** 外《そと》。●物《もの》と物の間《あいだ》。中《ちゅう》間《かん》。まん中《なか》。●限《かぎ》られたはんいのうち。●ある状態《じょうたい》が続《つづ》いているとき。

例 雨《あめ》の日《ひ》は家《いえ》の中で遊《あそ》ぶ。／心《こころ》の中にあることをすべて話《はな》す。／祖母《そぼ》を中にして家族写真《かぞくしゃしん》をとる。／わたしは、果物《くだもの》の中ではいちごが好《す》きだ。／人々《ひとびと》が雨の中をかけて行《い》く。／はく手《しゅ》の中を行進《こうしん》する。

仲《なか》

意味 人《ひと》と人との間《あいだ》がら。

例 ぼくと田中《たなか》くんは親友《しんゆう》の仲だ。／仲のいい友達《ともだち》が集《あつ》まる。／不動《ふどう》産業者《さんぎょうしゃ》が、家《いえ》の売《う》り手《て》と買《か》い手《て》の仲をとりもつ。／二人《ふたり》は犬猿《けんえん》の仲（＝犬《いぬ》と猿《さる》の間がらの意味《いみ》で、非《ひ》常《じょう》に仲が悪《わる》いたとえ）だ。

ながい

イソップ物語《ものがたり》
うさぎとかめ
より
さぁ
あのおかまで
競走《きょうそう》しよう!
うん!
うへぇ、
けっこう長《なが》い
道《みち》のり
だなあ!
でも
がんばろう!
あっ
しまった。
ねすご
したァ!
とほほ。
ぼくのおろかさは
後世《こうせい》まで
永《なが》く語《かた》り
つがれるん
だろうなあ。

長い・永い

長《なが》い

意味 ●はしからはしまでのへだたりが大《おお》きい。**対** 短《みじか》い。●始《はじ》まりから終《お》わりまでの時間《じかん》のへだたりが大きい。**対** 短い。

例 十《じゅう》メートル以上《いじょう》の長いロープを用意《ようい》する。／三《みっ》つの島《しま》をつないで長い橋《はし》をかける。／おじいさんの説教《せっきょう》は長い。／長い夏休《なつやす》みもあっという間《ま》に終わった。／原田《はらだ》さんとは長いつきあいだ。

永《なが》い

意味 時間《じかん》に限《かぎ》りがないようす。

例 祖父《そふ》は、家族《かぞく》に見守《みまも》られて永いねむりについた（＝死《し》んだ）。／かれの功績《こうせき》は、のちのちまで永く語《かた》りつがれることだろう。／この祭《まつ》りを伝統文化《でんとうぶんか》として末《すえ》永く残《のこ》したい。

知っとく 「永い」は、「長《なが》い」よりもさらに長く、「永《えい》久《きゅう》」「永遠《えいえん》」と思《おも》えるほどの時間をいうときに使《つか》う。

なく

泣く・鳴く

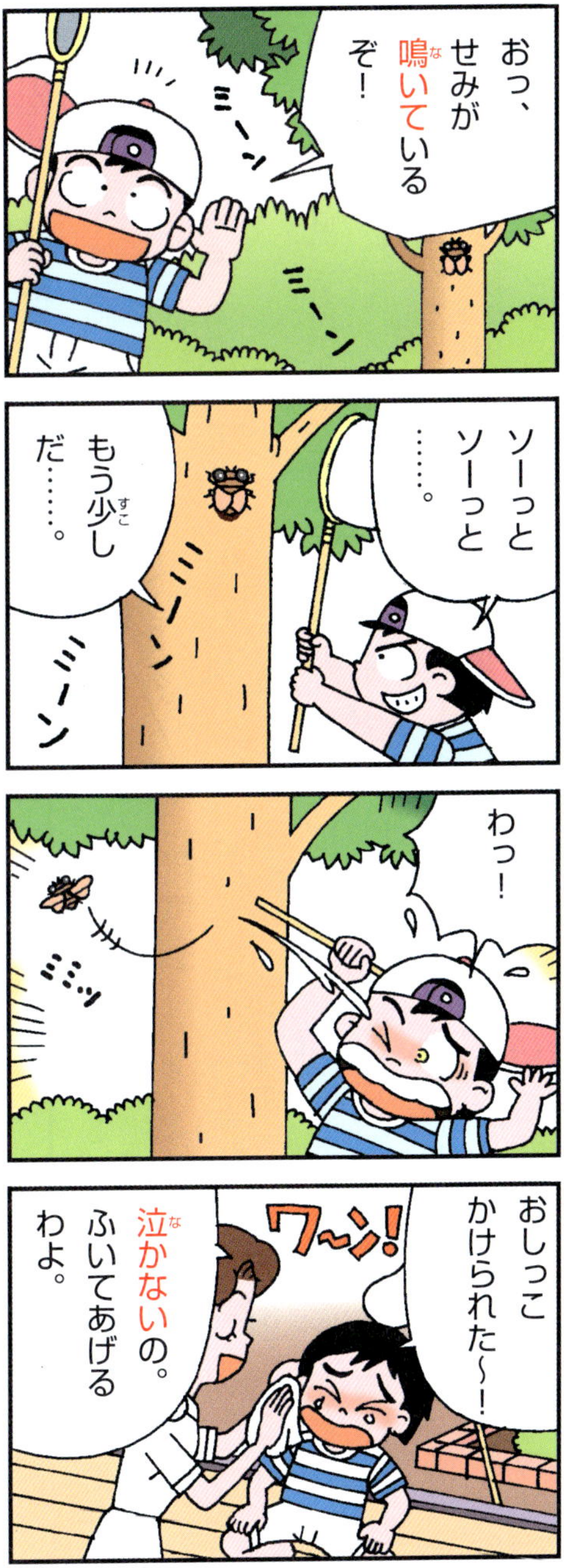

泣《な》く

意味 人《ひと》が、悲《かな》しみや喜《よろこ》びなどのあまり、なみだを流《なが》し、声《こえ》を出《だ》す。 **対** 笑《わら》う。

例 お母《かあ》さんにしかられて泣く。／転《ころ》んで頭《あたま》を打《う》ち、あまりの痛《いた》さに声をあげて泣く。／自分《じぶん》が悪《わる》かったと泣いてあやまる。／試合《しあい》に負《ま》けたくやしさで、選手《せんしゅ》たちが泣く。／そうなん者救助《しゃきゅうじょ》の知《し》らせに、家族《かぞく》が泣いて喜ぶ。

鳴《な》く

意味 鳥《とり》やけものが声《こえ》を出《だ》す。虫《むし》が羽《はね》をふるわせて音《おと》を出す。

例 子犬《こいぬ》が「クーン」と鳴く。／小鳥《ことり》の鳴く声で目《め》が覚《さ》める。／かえるが「ケロケロ」と鳴く。／夏《なつ》は、せみの鳴く声がうるさいほどだ。

知っとく 犬《いぬ》やライオンなどが、大《おお》きく太《ふと》い声を出すときは、「鳴く」ではなく「ほえる」を使《つか》う。

ねんとう

年頭・念頭

年頭《ねんとう》

意味 年《とし》のはじめ。年始《ねんし》。**対** 年末《ねんまつ》。

例 お正月《しょうがつ》には、近所《きんじょ》の人《ひと》と年頭のあいさつをかわす。／年頭にあたり、社長《しゃちょう》が今年《ことし》の目標《もくひょう》を述《の》べる。／出初《でぞ》め式《しき》は、消防署《しょうぼうしょ》の年頭の行事《ぎょうじ》だ。

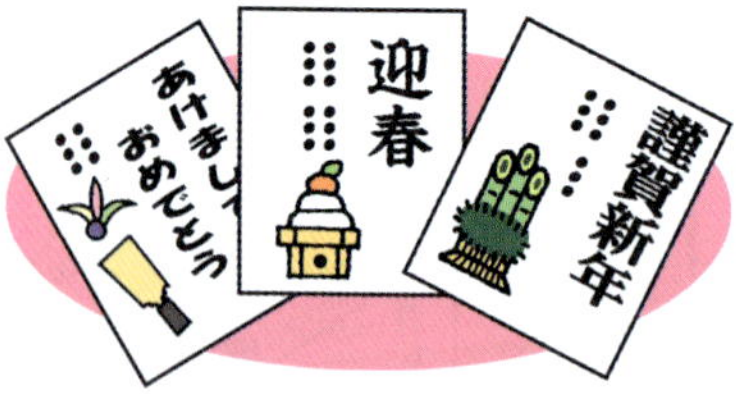

念頭《ねんとう》

意味 心《こころ》のうち。頭《あたま》の中《なか》。

例 安全第一《あんぜんだいいち》を念頭において作業《さぎょう》する。／ぼくは遊《あそ》びに夢中《むちゅう》で、宿題《しゅくだい》のことなど念頭になかった。／高《こう》校生《こうせい》の兄《あに》は、受験《じゅけん》のことがいつも念頭からはなれないと言《い》う。／祖父《そふ》の最後《さいご》のことばが念頭にうかぶ。

知っとく 「念頭におく」は、「いつも覚《おぼ》えていて心にかける」という意味《いみ》を表《あらわ》す。

のぞむ

望む・臨む

望《のぞ》む

意味 ●遠《とお》くからながめる。●そうあってほしいと思《おも》う。願《ねが》う。

例 おかの上《うえ》から海《うみ》を望む。／はるかにアルプスの山々《やまやま》を望む。／世界《せかい》の平和《へいわ》を望む。／かれには、いっそうの努力《どりょく》を望む。／望むとおりの結果《けっか》を期待《きたい》する。

◆臨《のぞ》む

意味 ●向《む》き合《あ》う。面《めん》する。●ある場所《ばしょ》に出《で》る。●ある場面《ばめん》に出会《であ》う。

例 湖《みずうみ》に臨んで、数《すう》けんの旅館《りょかん》が建《た》っている。／海《うみ》に臨むおかに登《のぼ》る。／国《くに》の代表《だいひょう》として国際会議《こくさいかいぎ》に臨む。／選手《せんしゅ》が、試合《しあい》に臨む意気《いき》ごみを語《かた》る。／別《わか》れに臨んであいさつのことばを述《の》べる。／その武士《ぶし》は死《し》に臨んでも威厳《いげん》を失《うしな》わなかった。

のぼる

上る・登る・昇る

「山頂《さんちょう》から初日《はつひ》の出《で》を見《み》る会《かい》」の参加者《さんかしゃ》は
50人《にん》に上《のぼ》りました。
みなさん、気《き》をつけて登《のぼ》ってください。
ハーイ！
ふーっ ようやく山頂に着《つ》いた！
おおーっ 太陽《たいよう》が昇《のぼ》る！
きれいねえ。

上《のぼ》る

意味 ●上《うえ》の方《ほう》へ移動《いどう》していく。 **対** 下《くだ》る。 ●ある場面《ばめん》でとりあげられる。 ●ある数《かず》や量《りょう》に達《たっ》する。

例 車《くるま》が坂《さか》を上る。／階段《かいだん》を上る。／さけが産卵《さんらん》のために川《かわ》を上る。／来週《らいしゅう》の遠足《えんそく》のことが話題《わだい》に上る。／大会《たいかい》の参加者《さんかしゃ》は三千人《さんぜんにん》に上る。

登《のぼ》る

意味 （山《やま》などの）高《たか》い方《ほう》へあがっていく。 **対** おりる。

例 近《ちか》くの山に登る。／やしの木《き》に登って実《み》をとる。／ロープを伝《つた》ってがけを登る。

知っとく おもに、登山《とざん》をするような場面《ばめん》で使《つか》う。

昇《のぼ》る

意味 太陽《たいよう》や月《つき》などが、空《そら》に高《たか》くあがる。 **対** しずむ。

例 水平線《すいへいせん》から朝日《あさひ》が昇る。／うれしくて、天《てん》にも昇る気持《きも》ちだ。／努力《どりょく》して社長《しゃちょう》の地位《ちい》に昇る。

知っとく 「昇る」には、「勢《いきお》いよくあがる」という意味合《いみあ》いがある。

はえる

生える・映える・栄える

生《は》える

意味 ●草《くさ》や木《き》が芽《め》を出《だ》す。●歯《は》・毛《け》・角《つの》などが出《で》てくる。

例 庭《にわ》に雑草《ざっそう》が生える。／赤《あか》ちゃんの前歯《まえば》が生える。／おすの鹿《しか》は大《おお》きな角が生えている。／頭《あたま》にしらがが生える。／おたまじゃくしに足《あし》が生える。

映《は》える

意味 ●光《ひかり》に照《て》らされてかがやく。●調和《ちょうわ》して美《うつく》しく見《み》える。ひきたつ。

例 山《やま》なみが夕日《ゆうひ》に映える。／ひまわりが夏《なつ》の日《ひ》ざしに映える。／青空《あおぞら》に雪山《ゆきやま》の白《しろ》が映える。／色《いろ》の白《しろ》い姉《あね》には赤《あか》い洋服《ようふく》がよく映える。

栄《は》える

意味 りっぱに見《み》える。目《め》だつ。

例 栄えある賞《しょう》をいただき、とても光栄《こうえい》です。

知っとく ▼「栄えある（＝名誉《めいよ》ある）…」の形《かたち》で使《つか》われることが多《おお》い。▼「出来栄《できば》え」「見栄《みば》え」は、「出来映《できば》え」「見映《みば》え」とも書《か》く。

ひまわりの種《たね》を植《う》えようっと。
あら!? もう生《は》えてきたわ。
わあ～い、日《ひ》ざしに映《は》えてきれいねえ!
でも、きみのうで前《まえ》じゃひまわりも栄《は》えないね。

はじめ

初め・始め

夏休み計画表
夏休《なつやす》みの初《はじ》めに宿題《しゅくだい》をすませよう。
もう少《すこ》しあとでやろう。
宿題、もう少しあとで…。
夏休み終《お》わっちゃうわよ。
どうしよう。絵日記《えにっき》だけでも始《はじ》めから終わりまで40ページもある。

初《はじ》め

意味 ある時間《じかん》や期間《きかん》の中《なか》で、もっとも早《はや》い時《とき》。最《さい》初《しょ》。 **対** 終《お》わり。

例 五月《ごがつ》の初めには連休《れんきゅう》がある。／年《とし》の初めに神社《じんじゃ》にお参《まい》りする。／秋《あき》の初めのころは残暑《ざんしょ》がきびしい。／初めに自己紹介《じこしょうかい》をしてからパーティーを始《はじ》める。／わたしは、この計画《けいかく》には初めから反対《はんたい》だった。

知っとく 「時《とき》」のはじめは「初め」と覚《おぼ》えよう。

始《はじ》め

意味 ●ものごとをはじめること。 **対** 終《お》わり。 ●ものごとの起《お》こり。

例 事件《じけん》の始めから終わりまでの経過《けいか》を説明《せつめい》する。／宇宙《うちゅう》の始めのころについて研究《けんきゅう》する。／父《ちち》の会社《かいしゃ》は、一月五日《いちがついつか》が仕事《しごと》始めだ。／けん道《どう》のけいこ始めに出《で》る。

知っとく 「ものごと」のはじめは「始め」と覚《おぼ》えよう。

はっしん

わあーっ、
船《ふね》が
発進《はっしん》したわ！
きゃあ！
ぶつかる〜っ!!
大《だい》じょうぶ、
SOS《エスオーエス》を
発信《はっしん》して
いるから！
オ乗《の》リ
クダサイ。

発進・発信

発進《はっしん》

意味 飛行機《ひこうき》・船《ふね》・自動車《じどうしゃ》などが、出発《しゅっぱつ》すること。

例 信号《しんごう》が青《あお》に変《か》わり、車《くるま》を発進させる。／ならんだモーターボートがいっせいに発進する。／列車《れっしゃ》は発進・加速《かそく》・減速《げんそく》・停止《ていし》をくり返《かえ》して目的地《もくてきち》に向《む》かう。／てい察《さつ》のために戦《せん》とう機《き》が基地《きち》を発進する。

知っとく 「大関《おおぜき》が白星発進《しろぼしはっしん》」のように、戦《たたか》いや競争《きょうそう》をスタートするという意味《いみ》で使《つか》われることもある。

発信《はっしん》

意味 電報《でんぽう》・郵便《ゆうびん》・通信《つうしん》・電波《でんぱ》などを送《おく》り出《だ》すこと。**対** 受信《じゅしん》。着信《ちゃくしん》。

例 そうなんした船《ふね》がSOS《エスオーエス》を発信する。／この手紙《がみ》は、京都市《きょうとし》から発信されている。／けいたい電話《でんわ》からの発信が増《ふ》えている。／インターネットを使《つか》って情報《じょうほう》を発信する。／映画《えいが》を通《とお》して、平和《へいわ》への願《ねが》いを世界《せかい》に発信する。

はやい

ラブレターを書《か》きたいけど、うまく書けないなあ。
会《あ》って直接話《ちょくせつはな》すほうが早《はや》いや。
ウサ子のいえ
ウサ子《こ》ちゃーん！
なーにー？
…速《はや》くて伝《つた》えられない…。
ビューン！

早い・速い

早《はや》い

意味 ●時刻《じこく》や時期《じき》が前《まえ》である。**対** おそい。●時間《じかん》がかからない。てっとりばやい。

例 朝《あさ》の早いうちに起《お》き出《だ》す。／予定《よてい》より一日《いちにち》早く旅行《りょこう》から帰《かえ》ってくる。／受験《じゅけん》をあきらめるのは、まだ早い。／早く親《おや》に死《し》に別《わか》れて、苦労《くろう》して育《そだ》つ。／早く返事《へんじ》をください。／手紙《てがみ》を書《か》くより、会《あ》って話《はな》すほうが早い。

速《はや》い

意味 すばやい。スピードがある。**対** おそい。

例 兄《あに》は、足《あし》が速い。／もっと速く歩《ある》こう。／川《かわ》の上流《じょうりゅう》では水《みず》の流《なが》れが速い。／あの投手《とうしゅ》は、時速一四《じそくひゃくよん》〇《じっ》キロの速い球《たま》を投《な》げる。／モーターの回転《かいてん》が速くなる。

知っとく 時間《じかん》に着目《ちゃくもく》する場合《ばあい》は「早《はや》い」、ものの動《うご》きに着目する場合は「速い」と書《か》く。

ひっし

必死・必至

ぼくは泳《およ》げなかった。
わあ！
海《うみ》に落《お》ちたら、おぼれるのは必至《ひっし》だった。
助けて〜〜〜！
ぼくは必死《ひっし》にもがいた。
でも…そこは浅瀬《あさせ》だったんだ。

必死《ひっし》

意味 命《いのち》がけで一生《いっしょう》けんめいになること。死《し》にものぐるい。

例 強《つよ》い敵《てき》を相手《あいて》に、必死に戦《たたか》う。／おぼれそうになって必死にもがく。／毎日《まいにち》必死に練習《れんしゅう》したおかげで、競技会《きょうぎかい》で一位《いちい》になれた。／自分《じぶん》は無実《むじつ》だと、必死になってうったえる。／必死の努力《どりょく》が実《みの》って、あこがれの学校《がっこう》に入学《にゅうがく》できた。

必至《ひっし》

意味 必《かなら》ずそうなるにちがいないこと。

例 こんなに練習量《れんしゅうりょう》が少《すく》ないのでは、試合《しあい》に負《ま》けるのは必至だ。／この売《う》れゆきでは、今年《ことし》も店《みせ》の赤字《あか じ》は必至だ。

知っとく 「必《かなら》ず至《いた》る」と訓《くん》で読《よ》める。

トホホ…。

へいこう

わたしは日本一《にっぽんいち》、走《はし》るのが速《はや》いわ。
あら、わたしのほうが速いわ。
わたしよ！
強情《ごうじょう》ね。いくら話《はな》しても平行線《へいこうせん》だわ。
レースで決《き》めましょう！
わたしよ！
わたし！
何《なに》か話《はな》しながら並行《へいこう》して走《はし》っております。

平行・並行

平行《へいこう》

意味 ●二《ふた》つの直線《ちょくせん》または平面《へいめん》が、同《おな》じ間《かん》かくを保《たも》って、どこまでも交《まじ》わらないこと。●意見《いけん》などがくいちがって合《あ》わないこと。

例 この四角形《しかっけい》は、二組《ふたくみ》の平行な線《せん》からできている。／二本《にほん》のレールが平行して走《はし》る。／平行に引《ひ》かれた五本《ごほん》の線の上《うえ》に音《おん》ぷを書《か》き入《い》れる。／二人《ふたり》の意見はまったくかみ合わず、平行状態《じょうたい》が続《つづ》く。

◆並行《へいこう》

意味 ●二《ふた》つ以上《いじょう》のものがならんで行《い》くこと。●二つ以上のものが同時《どうじ》に行《おこな》われていること。

例 マラソンで五人《ごにん》の走者《そうしゃ》が並行して走《はし》る。／この区間《くかん》では、電車《でんしゃ》とモノレールが並行して走っている。／荷物《にもつ》は、トラックと並行して列車《れっしゃ》でも運《はこ》ばれている。／競技場《きょうぎじょう》では、競走《きょうそう》と走りはばとびの二種目《にしゅもく》が並行して行われている。

へる

経る・減る

きびしい練習《れんしゅう》を
経《へ》なければ
一流《いちりゅう》には
なれぬ。
かくごは
よいか!?
はい!
あれから10年《ねん》。
なんとか一人前《いちにんまえ》に
なれました。
ありがとう
ございます。
おかげで
わしは、
ずいぶん
体重《たいじゅう》が減《へ》った
わい…。
ゼェ
ゼェ

経《へ》る

意味 ●時《とき》がたつ。月日《つきひ》が過《す》ぎる。●ある場所《ばしょ》や段階《だんかい》を通《とお》る。

例 友人《ゆうじん》と三年《さんねん》の年月《ねんげつ》を**経て**再会《さいかい》する。／寺《てら》は建《た》てられてから二百年《にひゃくねん》を**経て**いる。／日本《にほん》からハワイを**経て**アメリカ大陸《たいりく》に行《い》く。／きびしい修業《しゅぎょう》を**経て**、一流《いちりゅう》の料理人《りょうりにん》になる。

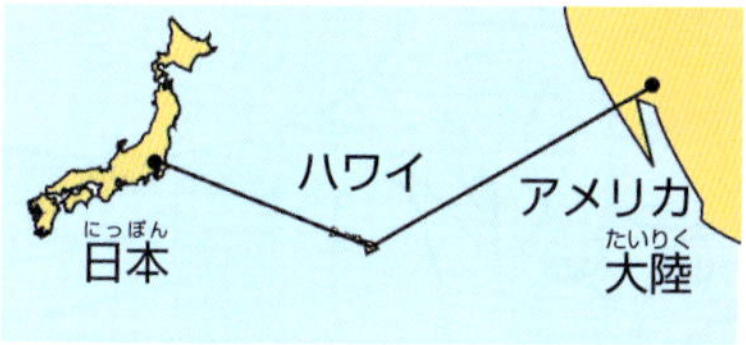
日本《にっぽん》
ハワイ
アメリカ大陸《たいりく》

減《へ》る

意味 数《かず》や量《りょう》が少《すく》なくなる。 **対** 増《ふ》える。増《ま》す。

例 子《こ》どもの数《かず》が**減る**。／おこづかいが**減る**。／体重《たいじゅう》が二《に》キログラム**減る**。

知っとく 「腹《はら》が減る」は「おなかがすく」という意味《いみ》。

ほけん

保険・保健

保険《ほけん》

意味 病気《びょうき》や災難《さいなん》などにあったときに一定《いってい》の額《がく》のお金《かね》が受《う》け取《と》れるように、お金《かね》を出《だ》し合《あ》ったり、積《つ》み立《た》てておいたりする制度《せいど》。

例 万《まん》が一《いち》のときのために保険に入《はい》る。／家《いえ》が火事《かじ》になり、火災《かさい》保険から保険金《きん》がしはらわれた。

保健《ほけん》

意味 体《からだ》をじょうぶにして、病気《びょうき》にかからないようにすること。（ふつう、ほかのことばにつけて使《つか》われる。）

例 学校《がっこう》の保健室《しつ》で休《やす》む。／町《まち》の保健所《じょ》で予防注射《よぼうちゅうしゃ》を受《う》ける。／住《じゅう》民《みん》の保健衛生《えいせい》を考《かんが》える。

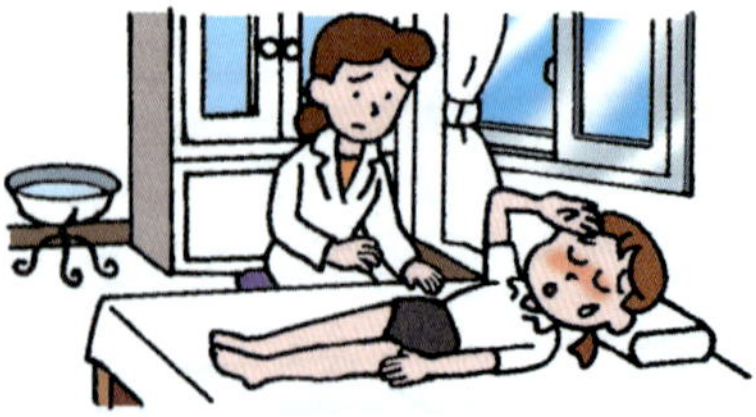

ほしょう

保証・保障・補償

保証《ほしょう》

意味 まちがいないと、うけあうこと。

例 かれがまじめな人物《じんぶつ》であることは、私《わたくし》が保証します。／あの人《ひと》が必《かなら》ず来《く》るとは保証できない。／この時計《とけい》には、保証書《しょ》（＝品質《ひんしつ》を保証する書類《しょるい》）がついている。

保障《ほしょう》

意味 ほかからの害《がい》を受《う》けないように守《まも》ること。

例 言論《げんろん》の自由《じゆう》は、憲法《けんぽう》によって保障されている。／国《くに》の安全《あんぜん》を保障するための条約《じょうやく》が結《むす》ばれる。／国民《こくみん》の安全で健康《けんこう》な生活《せいかつ》を保障するための制度《せいど》をととのえる。

補償《ほしょう》

意味 あたえた損害《そんがい》のつぐないをすること。

例 被害者《ひがいしゃ》が、事故《じこ》を起《お》こした会社《かいしゃ》に補償を求《もと》める。／橋《はし》の工事《こうじ》期《き》間中《かんちゅう》、漁《りょう》ができない漁民《ぎょみん》に対《たい》して、補償金《きん》がしはらわれる。

まじる

交じる・混じる

メリー
クリスマス！
さあ、ぼくらも
大人《おとな》に交《ま》じって
おどろう！
やけに
はしゃいで
いるね？
まあ
たいへん！
ジュースに
お酒《さけ》が混《ま》じって
いたわ！

交《ま》じる

意味 別《べつ》のものが入《はい》りこんで、いっしょになる。

例 漢字《かんじ》にかなが交じる。／子《こ》どもが大人《おとな》に交じっておどる。／黒《くろ》いかみに、しらがが交じる。／男性《だんせい》に交じって女性《じょせい》の姿《すがた》もちらほら見《み》える。／父《ちち》の話《はな》すことばには時々《ときどき》方言《ほうげん》が交じる。

知っとく いっしょになっても区別《くべつ》できるものは「交じる」と書《か》く。

混《ま》じる

意味 別《べつ》のものが、いっしょになって、区別《くべつ》できなくなる。

例 酒《さけ》に水《みず》が混じる。／電話《でんわ》の声《こえ》に雑音《ざつおん》が混じる。／塩《しお》と砂糖《さとう》が混じる。／いろいろなにおいが混じる。

知っとく いっしょになって区別《くべつ》できなくなるものは、「混じる」と書《か》く。

まるい

丸い・円い

おぼんのように円《まる》い月《つき》を見《み》ていると、なみだが出《で》ます。
どうして？
もうすぐ月に帰《かえ》らなければならないのです。
それはしかたないな。
元気《げんき》でね。
二人《ふたり》ともすなおですね。
年《とし》をとって丸《まる》くなったのよ。

丸《まる》い

意味 ●ボールのような形《かたち》をしているようす。●かどが立《た》たず、おだやかであるようす。

例 地球《ちきゅう》は丸い。／丸い石《いし》がころころと転《ころ》がる。／丸い顔《かお》をした女《おんな》の子《こ》。／丸いだんごをくしにさす。／おばあさんが、背《せ》を丸くしてすわる。／もめごとを丸くおさめる。／祖父《そふ》は、年《とし》を取《と》って人《ひと》がらが丸くなった。

円《まる》い

意味 コンパスでかいた円《えん》のような形《かたち》をしているようす。

例 今夜《こんや》は月《つき》が円く見《み》える。／庭《にわ》に円い池《いけ》をつくる。／色紙《いろがみ》を円く切《き》りぬく。

知っとく 「円い」は、平面的《へいめんてき》な円形《えんけい》という意味《いみ》を表《あらわ》すときに使《つか》う。

まわり

宇宙旅行《うちゅうりょこう》に出発《しゅっぱつ》！
無事《ぶじ》地球《ちきゅう》の周《まわ》りを回《まわ》る軌道《きどう》に乗《の》ったわ！
わあ、無重力《むじゅうりょく》だ！時計回《とけいまわ》りに回っているゾ。
グル
グル
どうしたの？
…うう、目《め》が回った…。

周り・回り

周《まわ》り

意味 付近《ふきん》。あたり。周囲《しゅうい》。

例 家《いえ》の周りをそうじする。／池《いけ》の周りを散歩《さんぽ》する。／人工衛星《じんこうえいせい》が地球《ちきゅう》の周りを回《まわ》る。／周りの目《め》を気《き》にする。／周りの人《ひと》にちやほやされる。／周りの景色《けしき》に見《み》とれる。

回《まわ》り

意味 ●まわること。●ゆきわたること。広《ひろ》がること。●体《からだ》の近《ちか》く。

例 車輪《しゃりん》の回りが速《はや》くなる。／模型飛行機《もけいひこうき》のプロペラの回りが悪《わる》い。／時計《とけい》の針《はり》の回りがおそく感《かん》じられる。／火《ひ》の回りが早《はや》く、あっという間《ま》に全焼《ぜんしょう》してしまった。／首《くび》の回りのあせをぬぐう。／身《み》の回りの品《しな》をかばんにつめる。

むじょう

無常・無情

少《すこ》し前《まえ》まで栄華《えいが》をきわめた人々《ひとびと》が、
今《いま》はぼつらくしてしまった…。
人《ひと》の世《よ》の無常《むじょう》を感《かん》じるが、わたしは太陽《たいよう》のように明《あか》るく生《い》きよう！
雨雲《あまぐも》が出《で》てきて無情《むじょう》にも雨《あめ》が…。

無常《むじょう》

意味 ●永遠《えいえん》に続《つづ》くものは、何《なに》もないこと。●人《ひと》の世《よ》は変《か》わりやすく、はかないものであること。

例 友人《ゆうじん》のとつ然《ぜん》の死《し》にあい、人《じん》生《せい》の無常を感《かん》じる。／大会社《だいがいしゃ》がとう産《さん》し、世の無常を感じる。

仏教《ぶっきょう》の教《おし》えからできたことばだよ。

無情《むじょう》

意味 思《おも》いやりの気持《きも》ちがないこと。

例 困《こま》っている人《ひと》を見捨《みす》てるような無情なことは、ぼくにはできない。／相手《あいて》の無情なしうちをうらむ。／楽《たの》しみにしていた遠足《えんそく》なのに、無情にも雨《あめ》が降《ふ》り出《だ》した。

知っとく 似《に》た意味《いみ》のことばに「非情《ひじょう》」がある。

もと

元・本・下・基

先生《せんせい》の指導《しどう》の下《もと》で実験《じっけん》したが、うまくいかない。
実験の方法《ほうほう》を本《もと》から見直《みなお》そう。
わぁ、失敗《しっぱい》だァ！
ボムッ！
元《もと》も子《こ》もなくなってしまったが…。
でもこれを基《もと》にさらなる実験を進《すす》めよう！

◆下《もと》

意味 ●下《した》。下のあたり。●人《ひと》のえいきょうがおよぶはんい。また、条件《じょうけん》や制限《せいげん》がおよぶはんい。

例 太陽《たいよう》の下で遊《あそ》ぶ。／親《おや》の下をはなれて暮《く》らす。／先生《せんせい》の指導《しどう》の下で実験《じっけん》を進《すす》める。／一日八時間《いちにちはちじかん》の労働《ろうどう》という条件の下で働《はたら》く。

元《もと》

意味 ●以前《いぜん》。昔《むかし》。●ものごとの始《はじ》まり。原因《げんいん》。●もとで。元金《もときん》。

例 机《つくえ》の位置《いち》を元にもどす。／元の首相《しゅしょう》が外国《がいこく》を訪問《ほうもん》する。／口《くち》は災《わざわ》いの元だ。／けがが元でなくなる。／こんなに安《やす》く売《う》ったら元が取《と》れない。／元も子《こ》もなくなる。

本《もと》

意味 ●ものごとの中心《ちゅうしん》となるだいじな部分《ぶぶん》。●根《ね》もと。**対** 末《すえ》。

例 練習《れんしゅう》の方法《ほうほう》を本から見直《みなお》す。／年金制度《ねんきんせいど》の本を正《ただ》す。／木《き》を本から切《き》る。

知っとく 「失敗《しっぱい》は成功《せいこう》のもと」の「もと」は、かな書《が》きすることが多《おお》い。

◆基《もと》

意味 ものごとが成立《せいりつ》するためのよりどころ。基礎《きそ》。土台《どだい》。

例 この小説《しょうせつ》は、事実《じじつ》が基になっている。／調査《ちょうさ》したことを基にして報告文《ほうこくぶん》を書《か》く。／判断《はんだん》の基となる資料《しりょう》が見《み》つかる。／実験《じっけん》の結果《けっか》を基に推測《すいそく》する。

やさしい

将棋会館《しょうぎかいかん》
わたしは心《こころ》の優《やさ》しい人間《にんげん》になりたいわ。
おじいちゃん、そこはそうしちゃだめですよ。
そこは、こう指《さ》すんです。
易《やさ》しく教《おし》えてくれてありがとう。
あの人《ひと》だ～れ?
も、元名人《もとめいじん》よ!

易しい・優しい

易《やさ》しい

意味 かんたんにできる。わかりやすい。**対** 難《むずか》しい。

例 易しい問題《もんだい》なので、すぐに解《と》ける。／このけいたい電話《でんわ》は老人《ろうじん》でも易しく操作《そうさ》できる。／政治《せいじ》の問題を、子《こ》ども向《む》けに易しく解説《かいせつ》する。

これは、とても易しい問題ね!

◆優《やさ》しい

意味 ●思《おも》いやりがある。親切《しんせつ》だ。●すなおでおとなしい。●上品《じょうひん》で美《うつく》しい。

例 困《こま》っている人《ひと》に優しいことばをかける。／おばあさんの背中《せなか》を優しくなでる。／わたしは心《こころ》の優しい人間《にんげん》になりたい。／兄《あに》は、気立《きだ》てが優しくもの静《しず》かだ。／姉《あね》は、優しい色合《いろあ》いの洋服《ようふく》が似合《にあ》う。／優しい顔《かお》だちをした女性《じょせい》がたずねてきた。

やせい

きゃあクマだ！
えっ？
すみません。サーカスからにげ出《だ》しちゃって。
野生《やせい》のクマじゃないんだ。
でも野性《やせい》に目《め》ざめなくてよかったな。

野生・野性

野生《やせい》

意味 動物《どうぶつ》や植物《しょくぶつ》が、山《やま》や野《の》で自《し》然《ぜん》に育《そだ》つこと。

例 野生のさるが人里《ひとざと》に現《あらわ》れる。／山で、野生のしめじを採《と》る。／この山の頂上付《ちょうじょうふ》近《きん》には、高山植物《こうざんしょくぶつ》が野生している。／かごからにげ出《だ》したインコが野生化《か》する。

野性《やせい》

意味 けものなどがもつ、自然《しぜん》のままの性質《せいしつ》。また、あらあらしい性質。

例 犬《いぬ》が、野性をむきだしにしてうなる。／動物園《どうぶつえん》のライオンが、野性に目覚《めざ》める。／かれは、野性的《てき》なところがある。

やぶれる

敗れる・破れる

おっ！
プロのスカウトが見《み》にきているぞ。
いいところを見《み》せなきゃ。
くそ〜ッ
いいところなく試合《しあい》に敗《やぶ》れてしまった…。
ガク…
でも、これでプロになる夢《ゆめ》が破《やぶ》れたわけじゃない。
またがんばろう！
そうだよ。
きみには光《ひか》るものがある。
話《はなし》を聞《き》かせてくれないか？

敗《やぶ》れる

意味 戦《たたか》いや試合《しあい》で、相手《あいて》に負《ま》ける。**対** 勝《か》つ。

例 アマチュアチームが四対〇《よんたいゼロ》でプロチームに敗れる。／試合《しあい》に敗れた選手《せんしゅ》が、勝者《しょうしゃ》にあく手《しゅ》を求《もと》める。／A社《エーしゃ》との新製品《しんせいひん》の開発競争《かいはつきょうそう》に敗れる。

敗れた…。

破《やぶ》れる

意味 ●紙《かみ》や布《ぬの》などが、さける。さけてあながあく。●ものごとが成《な》り立《た》たずに、だめになる。

例 くぎにひっかけて、スカートが破れる。／物《もの》を入《い》れすぎて紙《かみ》ぶくろが破れる。／雨《あめ》にぬれて書類《しょるい》が破れる。／宇宙飛行士《うちゅうひこうし》になる夢《ゆめ》が破れる。／和平《わへい》が破れて、戦争《せんそう》になる。

よい

裁判長《さいばんちょう》、かれは人《ひと》がらの良《よ》い人間《にんげん》です。
無実《むじつ》に決《き》まっています。
この際《さい》人がらは問題《もんだい》ではない。
かれの行動《こうどう》が善《よ》かったのか悪《わる》かったのかをわたしは裁《さば》かなければならない。
では判決《はんけつ》を言《い》いわたす。
被告《ひこく》は無罪《むざい》!

良い・善い

良《よ》い

意味 ほかのものよりすぐれている。このましい。 **対** 悪《わる》い。

例 このチーズは味《あじ》が良い。／テストで良い成績《せいせき》を取《と》る。／かれは記《き》おく力《りょく》が良い。／運動会《うんどうかい》は、良い天気《てんき》にめぐまれた。／あの人《ひと》は、人がらが良い。

知っとく 「いい」よりも改《あらた》まった言《い》い方《かた》。「…してもよい。」の場合《ばあい》は「よい」とひらがなで書《か》くことが多《おお》い。

善《よ》い

意味 道理《どうり》にかなっていてりっぱだ。正《ただ》しい。 **対** 悪《わる》い。

例 毎日《まいにち》、善い行《おこな》いを心《こころ》がける。／かれの言動《げんどう》が善いか悪いか、冷《れい》静《せい》に判断《はんだん》する。

知っとく おもに、道徳的《どうとくてき》に見《み》て、よい・悪いをいうときに使《つか》う。

ようい

用意・容易

ねえ、今度《こんど》うちで料理《りょうり》をごちそうするわ。
料理、得意《とくい》なの？
来《き》たよ。
いらっしゃい！これから食事《しょくじ》の用意《ようい》をするわね。
チーン！
はい どうぞ。
これならぼくにだって容易《ようい》にできるよ！

用意《ようい》

意味 したく。じゅんび。

例 かばんに着《き》がえをつめて、旅行《りょこう》の用意をする。／母《はは》が、食事《しょくじ》の用意にとりかかる。／自然災害《しぜんさいがい》に備《そな》えて、非常食《ひじょうしょく》を用意しておく。／パーティーの用意がととのう。

容易《ようい》

意味 かんたんにできるようす。たやすいようす。

対 困難《こんなん》。

例 この問題《もんだい》なら、ぼくでも容易に解《と》ける。／世界《せかい》から戦争《せんそう》をなくすのは、容易なことではない。／今《いま》なら日時《にちじ》を変《へん》こうするのは容易だ。

知っとく 似《に》た意味《いみ》のことばに「簡単《かんたん》」がある。（→P140参照《さんしょう》）

わかれる

分かれる・別れる

分《わ》かれる

意味 一《ひと》つのものが、二《ふた》つ以上《いじょう》のものになる。

例 道《みち》は、この先《さき》で二つに分かれる。／四《よっ》つのグループに分かれて実験《じっけん》をする。／二人《ふたり》の意見《いけん》が分かれる。／生物《せいぶつ》は、動物《どうぶつ》と植物《しょくぶつ》に分かれる。

別《わか》れる

意味 いっしょにいた人《ひと》が、べつべつになる。はなれる。 **対** 会《あ》う。

例 店《みせ》の前《まえ》で、妹《いもうと》と別れる。／転校《てんこう》する友達《ともだち》と別れるのはさびしい。／大学生《だいがくせい》の兄《あに》は、家族《かぞく》と別れてほかの土地《とち》で暮《く》らしている。

知っとく 「分《わ》かれる」と「別れる」は、送《おく》りがながちがうことに注意《ちゅうい》。

わざ

先生《せんせい》、
秘伝《ひでん》の技《わざ》を
お教《おし》えください。
だめじゃ！
先生は
がんこだから
聞《き》き出《だ》すのは
至難《しなん》の業《わざ》だなあ。
よし、
えいっ！
むん！
トオ！
秘伝の技、
しかと
見《み》とどけました！

技・業

技《わざ》

意味 ●うでまえ。技術《ぎじゅつ》。●すもう・じゅう道《どう》などで、相手《あいて》を負《ま》かすための動作《どうさ》。

例 毎日練習《まいにちれんしゅう》して、サッカーの技をみがく。／植木職人《うえきしょくにん》に弟子《でし》入りして、技を身《み》につける。／ケーキ作《づく》りの技をきそう。

業《わざ》

意味 行《おこな》い。しわざ。

例 エベレストの頂上《ちょうじょう》からスキーですべりおりるなんて、とても人間《にんげん》業（＝人間ができること）とは思《おも》えない。／がんこな祖父《そふ》を説得《せっとく》するのは、至難《しなん》の（＝とても難《むずか》しい）業だ。

知っとく 「業」は、ふつうの人《ひと》ではとてもできそうにない行いについていうときに使《つか》われる。

Q1

同音異義語《どうおんいぎご》・同訓異字《どうくんいじ》クイズ!

次《つぎ》のまんがのせりふの□に入《はい》る正《ただ》しい同音異義語・同訓異字を、それぞれア〜ウから選《えら》んで、記号《きごう》で答《こた》えましょう。

1

わたり鳥《どり》の□について調《しら》べます。
えらいな! みんな!!

ア. 異動《いどう》
イ. 異同《いどう》
ウ. 移動《いどう》

答え

2

ボクは宇宙《うちゅう》の真理《しんり》を□する学者《がくしゃ》になると心《こころ》に決《き》めています。

ア. 追求《ついきゅう》
イ. 追及《ついきゅう》
ウ. 追究《ついきゅう》

答え

3

この部屋《へや》□んじゃないですか?
実《じつ》は先生《せんせい》もなさっきからそう感《かん》じてた。

ア. 厚《あつ》い
イ. 熱《あつ》い
ウ. 暑《あつ》い

答え

4

ママは保護者会《ほごしゃかい》の記録係《きろくがかり》を□のよ。
へぇー!

ア. 勤《つと》める
イ. 務《つと》める
ウ. 努《つと》める

答え

【答え】①ウ　②ウ　③ウ　④イ

第《だい》2章《しょう》

類《るい》義《ぎ》語《ご》

類義語ってなあに？

だめだめ！
そんな色《いろ》はだめよ！
あなたのかきたいという気持《きも》ちには共感《きょうかん》するわ。
でも、色のセンスはぜんぜんないわね。
それはぼくも同感《どうかん》だけど、
かいている最中《さいちゅう》に批判《ひはん》ばっかりしないでよ。
かき終《お》わったらじっくり批評《ひひょう》をしてよ。

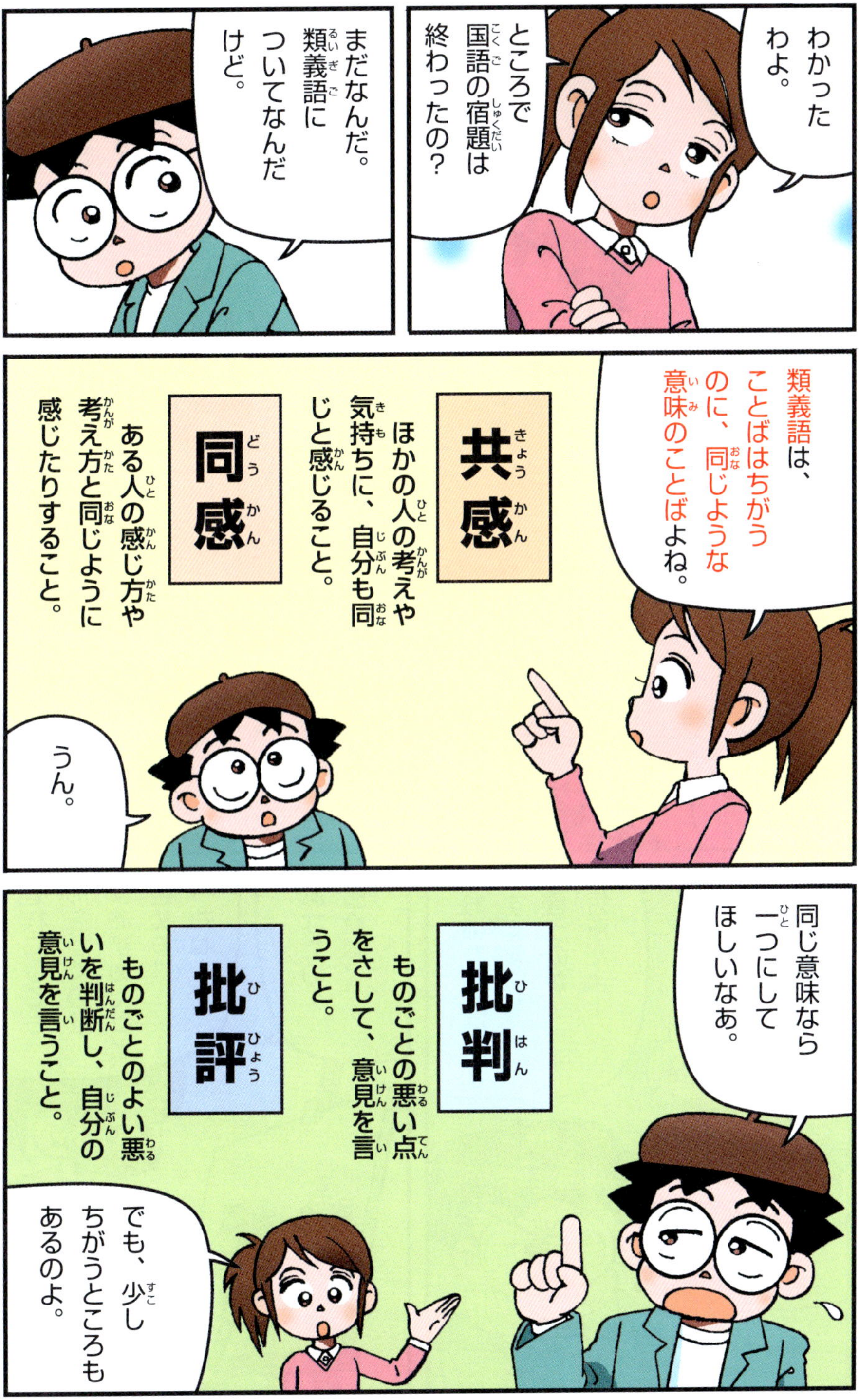
わかったわよ。
ところで国語《こくご》の宿題《しゅくだい》は終わったの？
まだなんだ。類義語《るいぎご》についてなんだけど。
類義語は、ことばはちがうのに、同《おな》じような意味《いみ》のことばよね。
共感《きょうかん》
ほかの人《ひと》の考《かんが》えや気持《きも》ちに、自分《じぶん》も同《おな》じと感《かん》じること。
同感《どうかん》
ある人《ひと》の感《かん》じ方《かた》や考《かんが》え方《かた》と同《おな》じように感《かん》じたりすること。
うん。
同じ意味なら一《ひと》つにしてほしいなあ。
批判《ひはん》
ものごとの悪《わる》い点《てん》をさして、意見《いけん》を言《い》うこと。
批評《ひひょう》
ものごとのよい悪《わる》いを判断《はんだん》し、自分《じぶん》の意見《いけん》を言《い》うこと。
でも、少《すこ》しちがうところもあるのよ。

だから、びみょうなちがいを伝《つた》えるためにこれらのことばは必要《ひつよう》なの。
そっかあ、おろそかにできないね。
また、類義語《るいぎご》には同《おな》じ字《じ》をふくむものと、ふくまないものがあるわ。
短所《たんしょ》
弱点《じゃくてん》
欠点《けってん》
ほんとだ。
それにしても形《かたち》をかくのはまあまあだけど、色《いろ》ぬりはへたねー。
あなたの弱点ね。
お姉《ねえ》ちゃんはすぐ悪口《わるくち》を言《い》うのが短所だよ！

無事《ぶじ》 …… 安全《あんぜん》

ホッ

交通
安全

意味 危《あぶ》なくないこと。危険《きけん》がないこと。

使《つか》い分《わ》け

○身《み》の安全を守《まも》る。
×身の無事を守る。
○ご無事で何《なに》よりです。
×ご安全で何よりです。

意味 変《か》わったことや心配《しんぱい》なことがないこと。悪《わる》いことが起《お》こらないこと。

案外《あんがい》 …… 意外《いがい》

案外《あんがい》簡単《かんたん》だな。

わたしが犯人《はんにん》よ！
えええ

意味 思《おも》っていたことと実際《じっさい》とが、ひどくちがうようす。

使《つか》い分《わ》け

○事件《じけん》は意外な展開《てんかい》になった。
×事件は案外な展開になった。
○問題《もんだい》は案外やさしかった。
×問題は意外やさしかった。

意味 ものごとの程度《ていど》が、予想《よそう》とちがっているようす。

終生《しゅうせい》 ―― 一生《いっしょう》

意味 生《う》まれてから死《し》ぬまで。また、生《い》きている間《あいだ》。

使《つか》い分《わ》け

○幸福《こうふく》な一生を送《おく》る。
×幸福な終生を送る。
○終生かわらぬ愛《あい》をちかう。
×一生かわらぬ愛をちかう。

意味 生《い》きている間《あいだ》ずっと。生きているかぎり。

移住《いじゅう》 ―― 移転《いてん》

意味 住《す》まいやしせつなどをほかの場所《ばしょ》へ移《うつ》すこと。引《ひ》っこし。

使《つか》い分《わ》け

○移転通知《つうち》のはがきが届《とど》く。
×移住通知のはがきが届く。
○一家《いっか》でハワイへ移住する。
×一家でハワイへ移転する。

意味 よその土地《とち》や国《くに》に移《うつ》り住《す》むこと。

衣類《いるい》　衣服《いふく》

意味 着《き》る物《もの》。身《み》にまとう物。着物《きもの》。

使《つか》い分《わ》け

○きらびやかな衣服をまとう。
×きらびやかな衣類をまとう。
○くつ下《した》も衣類のなかまだ。
×くつ下も衣服のなかまだ。

意味 家《いえ》にあるいろいろな物《もの》の中《なか》で、着《き》る物。和服《わふく》・洋服《ようふく》・下着《したぎ》など。

永久《えいきゅう》　永遠《えいえん》

意味 果《は》てしがないほど長《なが》い時間《じかん》続《つづ》くこと。

使《つか》い分《わ》け

○永遠のねむりにつく。
×永久のねむりにつく。
○遺跡《いせき》の永久保《ほ》存《ぞん》をはかる。
×遺跡の永遠保存をはかる。

意味 ある状態《じょうたい》がいつまでも限《かぎ》りなく続《つづ》くこと。

温厚《おんこう》 ―― 円満《えんまん》

円満

意味 ●人《ひと》がらがおだやかであるようす。●ものごとが起《お》こらないようす。

使《つか》い分《わ》け

○ものごとは円満に解決《かいけつ》した。
×ものごとは温厚に解決した。
＊人《ひと》がらについていうときは、どちらを使《つか》ってもよい。

温厚

意味 人《ひと》がらが、おだやかでやさしいようす。

改善《かいぜん》 ―― 改良《かいりょう》

改良

意味 悪《わる》いところや不十分《ふじゅうぶん》なところを直《なお》して、よくすること。

使《つか》い分《わ》け

○品種《ひんしゅ》の改良を重《かさ》ねる。
×品種の改善を重ねる。
○食生活《しょくせいかつ》の改善をはかる。
×食生活の改良をはかる。

改善

意味 悪《わる》いところを改《あらた》めて、よくすること。

対話《たいわ》 ⋯⋯ 会話《かいわ》

意味 二人《ふたり》以上《いじょう》の人《ひと》が話《はなし》をすること。また、その話。

使《つか》い分《わ》け

○二言《ふたこと》、三言《みこと》、会話をかわす。
×二言、三言、対話をかわす。
○住民《じゅうみん》が役所《やくしょ》と対話する。
×住民が役所と会話する。

意味 向《む》かい合《あ》って話《はなし》をすること。また、立場《たちば》のちがう人《ひと》たちが意見《いけん》をかわすこと。

◆納得《なっとく》 ⋯⋯ 合点《がってん》

意味 ●よく知《し》っていること。●承《しょう》知《ち》すること。承知してうなずくこと。

*「がてん」とも読《よ》む。

使《つか》い分《わ》け

○よしきた、合点だ。
×よしきた、納得だ。
○相手《あいて》が納得するまで説明《せつめい》する。
×相手が合点するまで説明する。

意味 よくわかること。よく理解《りかい》すること。

簡単《かんたん》 ┅ 容易《ようい》

意味 ●手間《てま》がかからないようす。●こみいっていないようす。

使《つか》い分《わ》け

○しくみはいたって簡単だ。
×しくみはいたって容易だ。
○容易なことでは勝《か》てない。
×簡単なことでは勝てない。

意味 やさしく、簡単《かんたん》にできるようす。

気質《きしつ》 ┅ 気性《き◆しょう》

意味 ●生《う》まれつきの性質《せいしつ》。気《き》だて。●仕事《しごと》や年令《ねんれい》が同《おな》じ人《ひと》たちに共通《きょうつう》している性質。

使《つか》い分《わ》け

＊「気質」は、「かたぎ」とも読《よ》む。
○祖父《そふ》は、職人《しょくにん》気質だ。
×祖父は、職人気性だ。
＊「気《き》だて」という意味《いみ》ではどちらも使《つか》う。

意味 生《う》まれつきもっている性質《せいしつ》。気《き》だて。

願望《がんぼう》 ⋯ 希望《きぼう》

意味 ●こうなってほしいと望《のぞ》むこと。また、その望み。●望みがかないそうな見通《みとお》し。

使《つか》い分《わ》け

○将来《しょうらい》に**希望**がわいてきた。
×将来に**願望**がわいてきた。
＊「望《のぞ》み」という意味《いみ》ではどちらも使《つか》う。

意味 こうあってほしいと願《ねが》い望《のぞ》むこと。また、その願いや望み。

気分《きぶん》 ⋯ 気持《きも》ち

意味 ●あることに対《たい》して心《こころ》に感《かん》じるもの。●体《からだ》の具《ぐ》合《あい》によって起《お》こる心の状態《じょうたい》。

使《つか》い分《わ》け

○友達《ともだち》の**気持ち**を思《おも》いやる。
×友達の**気分**を思いやる。
○春《はる》らしい**気分**が高《たか》まった。
×春らしい**気持ち**が高まった。

意味 ●そのときの心《こころ》の状態《じょうたい》。●全《ぜん》体《たい》から受《う》ける感《かん》じ。ふんいき。

▼援助《えんじょ》……救助《きゅうじょ》

意味 危《あぶ》ないめにあっている人《ひと》を、助《たす》け出《だ》すこと。

使《つか》い分《わ》け

○おぼれた人《ひと》を救助する。
×おぼれた人を援助する。
○国《くに》が援助の手《て》を差《さ》しのべる。
×国が救助の手を差しのべる。

意味 困《こま》っている人《ひと》や国《くに》を、助《たす》けること。

関心《かんしん》……興味《きょうみ》

意味 おもしろいと思《おも》って、心《こころ》をひきつけられること。

使《つか》い分《わ》け

○興味深《ぶか》い結果《けっか》が出《で》てきた。
×関心深い結果が出てきた。
○教育《きょういく》に対《たい》する関心が高《たか》い。
×教育に対する興味が高い。

意味 そのことについて知《し》りたいと、心《こころ》をひかれること。

苦労《くろう》 ・・・・・ 苦心《くしん》

意味 ものごとを成功《せいこう》させるために、いろいろ考《かんが》えたり、苦《くる》しんだりすること。

使《つか》い分《わ》け

○これは、父《ちち》の苦心の作《さく》だ。
×これは、父の苦労の作だ。
○長年《ながねん》の苦労がむくわれる。
×長年の苦心がむくわれる。

意味 あれこれと体《からだ》や気《き》を使《つか》って、つらい思《おも》いをすること。骨折《ほねお》り。

差別《さべつ》 ・・・・・ 区別《くべつ》

意味 性質《せいしつ》や種類《しゅるい》などのちがいによって分《わ》けること。また、そのちがい。

使《つか》い分《わ》け

○形《かたち》が似《に》ていて区別できない。
×形が似ていて差別できない。
○差別のない社《しゃ》会《かい》を目《め》ざす。
×区別のない社会を目ざす。

意味 性質《せいしつ》や状態《じょうたい》のちがいによって、あつかい方《かた》を変《か》えること。分《わ》けへだて。

体験《たいけん》 ―― 経験《けいけん》

経験
意味 実際《じっさい》に見《み》たり聞《き》いたり、行《おこな》ったりすること。また、それで身《み》につけた知識《ちしき》やわざ。

使《つか》い分《わ》け
○仕事《しごと》の**経験**がまだ浅《あさ》い。
×仕事の**体験**がまだ浅い。
＊どちらを使《つか》ってもよい言《い》い方《かた》。
○昨日《きのう》、おそろしい**体験**をした。
○昨日、おそろしい**経験**をした。

体験
意味 自分《じぶん》で実際《じっさい》にやったり、感《かん》じたりすること。また、それで身《み》についたもの。

結末《けつまつ》 ―― 結果《けっか》

結果
意味 あることがもとで起《お》こった事《こと》がら。

使《つか》い分《わ》け
○試験《しけん》の**結果**、入《にゅう》学《がく》が許《ゆる》された。
×試験の**結末**、入学が許された。
○物語《ものがたり》の**結末**を早《はや》く知《し》りたい。
×物語の**結果**を早く知りたい。

結末
意味 ものごとの終《お》わり。最後《さいご》のしめくくり。

決意《けつい》 ━━ 決心《けっしん》

意味 あることをしようと、はっきり考《かんが》えを決《き》めること。（決心）

使《つか》い分《わ》け

○やっと決心がついたようだ。
×やっと決意がついたようだ。
○社長《しゃちょう》が決意を表明《ひょうめい》する。
×社長が決心を表明する。

意味 （重大《じゅうだい》なことについて）それをやりぬこうと心《こころ》に決《き》めること。（決意）

理由《りゆう》 ━━ 原因《げんいん》

意味 ものごとが起《お》こるもと。（原因）

使《つか》い分《わ》け

○今《いま》、事故《じこ》の原因を調査中《ちょうさちゅう》だ。
×今、事故の理由を調査中だ。
○理由も言《い》わずに立《た》ち去《さ》る。
×原因も言わずに立ち去る。

意味 ものごとが、そのようになるわけ。また、そのようにするわけ。（理由）

見物《けんぶつ》

意味 楽《たの》しみのために、しばい・祭《まつ》りや景色《けしき》などを見《み》ること。

見学《けんがく》

意味 （工場《こうじょう》・会《かい》社《しゃ》などに行《い》き、）実《じっ》際《さい》のようすを見《み》て学《まな》ぶこと。

使《つか》い分《わ》け

○工場《こうじょう》で生産工《せいさんこう》程《てい》を見学する。

×工場で生産工程を見物する。

○てい防《ぼう》で花火《はなび》を見物する。

×てい防で花火を見学する。

材料《ざいりょう》

意味 ●品物《しなもの》をつくるもとになるもの。●ものごとを考《かんが》えるときの、もとになる事《こと》がら。

原料《げんりょう》

意味 品物《しなもの》をつくるもとになるもの。（できたとき、もとの形《かたち》が残《のこ》らないものについていう。）

使《つか》い分《わ》け

○豆《とう》ふの原料は大豆《だいず》だ。

×豆ふの材料は大豆だ。

○工作《こうさく》の材料を買《か》い集《あつ》める。

×工作の原料を買い集める。

公表《こうひょう》 ⋯ 公開《こうかい》

意味　人々《ひとびと》が、自《じ》由《ゆう》に見《み》たり聞《き》いたりできるようにすること。

使《つか》い分《わ》け

○秘宝《ひほう》の公開が始《はじ》まった。

×秘宝の公表が始まった。

○政府案《せいふあん》が公表される。

×政府案が公開される。

意味　世《よ》の中《なか》に広《ひろ》く発表《はっぴょう》すること。

平等《びょうどう》 ⋯ 公平《こうへい》

意味　一方《いっぽう》にかたよらないこと。どちらかだけが得《とく》をするようなあつかいをしないこと。

使《つか》い分《わ》け

○公平な立場《たちば》でしんぱんする。

×平等な立場でしんぱんする。

○選挙権《せんきょけん》は、国民《こくみん》に平等な権利《けんり》だ。

×選挙権は、国民に公平な権利だ。

意味　差別《さべつ》がなく、あつかいがみな同《おな》じであること。

以後《いご》 ⋯ 今後《こんご》

以後《いご》気《き》をつけなさい。

今後《こんご》まじめになります。

今後
意味 これからあと。

使《つか》い分《わ》け
○今後とも仲《なか》よくしてください。
×以後とも仲よくしてください。
○以後、おじとは会《あ》っていない。
×今後、おじとは会っていない。

以後
意味 ●これからあと。●その時《とき》からあと。

能力《のうりょく》 ⋯ 才能《さいのう》

才能
意味 何《なに》かをやりとげる知《ち》えや力《ちから》。うでまえ。

使《つか》い分《わ》け
○音楽《おんがく》の才能にあふれている。
×音楽の能力にあふれている。
○運動《うんどう》の能力をテストする。
×運動の才能をテストする。

能力
意味 ものごとを成《な》しとげる力《ちから》。

最善《さいぜん》 ━ 最良《さいりょう》

意味 いくつか考《かんが》えられることの中《なか》で、いちばんよいこと。

使《つか》い分《わ》け

○今日《きょう》は、人生《じんせい》で最良の日《ひ》だ。
×今日は、人生で最善の日だ。

○最善をつくしてがんばる。
×最良をつくしてがんばる。

意味 ●いちばんよいこと。●できるかぎりの努力《どりょく》。

同意《どうい》 ━ 賛成《さんせい》

意味 人《ひと》の考《かんが》えや意見《いけん》に対《たい》して、同《おな》じだとみとめること。

使《つか》い分《わ》け

○賛成多数《たすう》により可決《かけつ》した。
×同意多数により可決した。

○けい約書《やくしょ》の内《ない》容《よう》に同意する。
×けい約書の内容に賛成する。

意味 相手《あいて》と同《おな》じ意見《いけん》をもっていることをみとめること。また、その意見。

時刻《じこく》 ― 時間《じかん》

使《つか》い分《わ》け

意味 ●時《とき》。●何《なに》かをするために決《き》めたひと区切《くぎ》りの時。●時の単位《たんい》。

○時間がたつのは早《はや》いものだ。
×時刻がたつのは早いものだ。

○時計《とけい》の時刻を合《あ》わせる。
×時計の時間を合わせる。

意味 ある決《き》まった時《とき》。

天然《てんねん》 ― 自然《しぜん》

使《つか》い分《わ》け

意味 ●人間《にんげん》がつくったものでなく、この世《よ》にあるもの。●ありのままであるようす。

○自然を保護《ほご》する。
×天然を保護する。

○天然の魚《さかな》をさしみで味《あじ》わう。
×自然の魚をさしみで味わう。

意味 人《ひと》の手《て》を加《くわ》えていない、元《もと》のままであること。

未然《みぜん》　事前《じぜん》

意味 ものごとの起《お》こる前《まえ》。あることをする前。

使《つか》い分《わ》け

○事前に相談《そうだん》しておく。
×未然に相談しておく。
○災害《さいがい》を未然に防《ふせ》ぐ。
×災害を事前に防ぐ。

意味 ものごとがまだ起《お》こらないこと。まだそうならないこと。

失意《しつい》　失望《しつぼう》

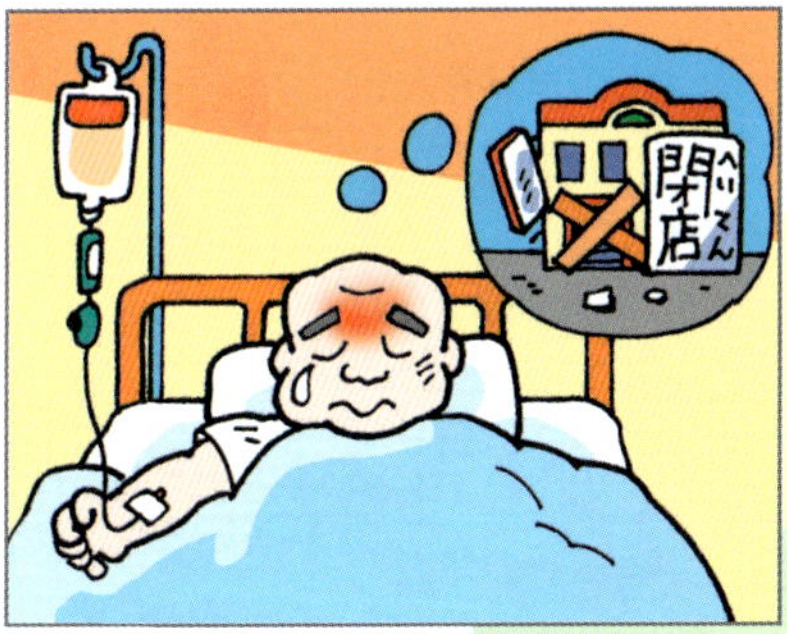

意味 ●期待《きたい》したとおりでなく、がっかりすること。●望《のぞ》みを失《うしな》うこと。

使《つか》い分《わ》け

○かれの行動《こうどう》には失望した。
×かれの行動には失意した。
○失意のどん底《そこ》にある。
×失望のどん底にある。

意味 当《あ》てが外《はず》れたり、望《のぞ》みがかなわなかったりして、がっかりすること。

無礼《ぶれい》 ―― 失礼《しつれい》

意味 態度《たいど》などが礼《れい》ぎに外《はず》れていること。

意味 ●礼《れい》ぎに外《はず》れた行《おこな》いをすること。●人《ひと》と別《わか》れること。●あやまることば。

使《つか》い分《わ》け

○では、ここで失礼いたします。
×では、ここで無礼いたします。

○無礼者《もの》
×失礼者《もの》

辞職《じしょく》 ―― 辞任《じにん》

意味 自分《じぶん》から職《しょく》をやめること。

意味 ある役目《やくめ》をやめること。

使《つか》い分《わ》け

○委員《いいん》を辞任する。
×委員を辞職する。

○社員《しゃいん》の一人《ひとり》が辞職した。
×社員の一人が辞任した。

志願《しがん》 ━ 志望《しぼう》

意味 こうしたい、こうなりたいと望《のぞ》むこと。また、その望み。

使《つか》い分《わ》け

○兄《あに》は志望の大《だい》学《がく》に合格《ごうかく》した。

×兄は志願の大学に合格した。

○救助隊《きゅうじょたい》に志願する。

×救助隊に志望する。

意味 あることをしたいと、自分《じぶん》から願《ねが》い出《で》ること。

質素《しっそ》 ━ 地味《じみ》

意味 目立《めだ》たないようす。ひかえめなようす。

使《つか》い分《わ》け

○地味な洋服《ようふく》を着《き》る。

×質素な洋服を着る。

○質素な食事《しょくじ》でがまんする。

×地味な食事でがまんする。

意味 かざり気《け》のないようす。また、ぜいたくでないようす。

貴重《きちょう》 ‥‥ 重要《じゅうよう》

飲《の》み水《みず》はこれだけか。

だいじなところ。

意味 ものごとの中心《ちゅうしん》に関係《かんけい》があって、特別《とくべつ》に大切《たいせつ》であるようす。

使《つか》い分《わ》け

○重要な用事《ようじ》を思《おも》い出《だ》した。
×貴重な用事を思い出した。
○貴重なご意見《いけん》をいただいた。
×重要なご意見をいただいた。

意味 とても大切《たいせつ》であるようす。

順番《じゅんばん》 ‥‥ 順序《じゅんじょ》

オーディション会場《かいじょう》
1
2
3

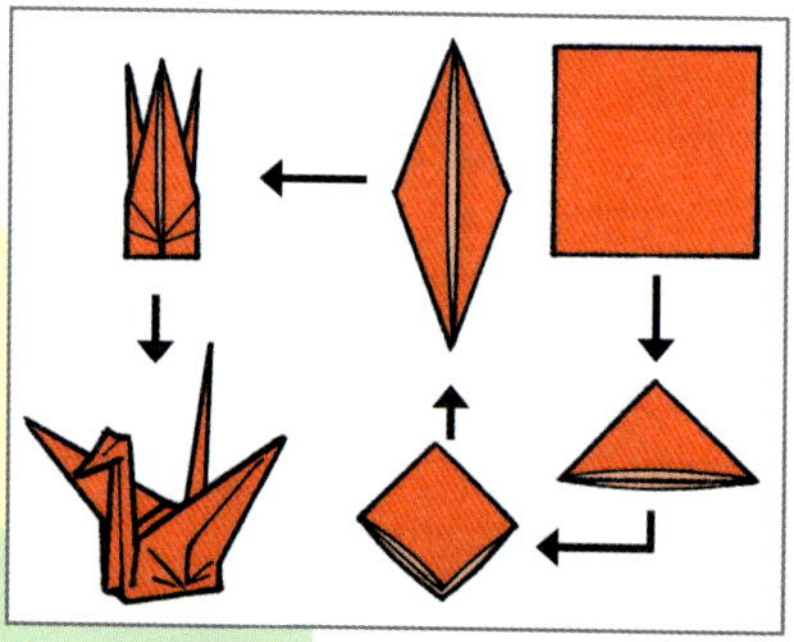

意味 ある決《き》まったならび方《かた》。また、決まった手順《てじゅん》。

使《つか》い分《わ》け

○しくみを順序よく説明《せつめい》する。
×しくみを順番よく説明する。
○面接試験《めんせつしけん》の順番を待《ま》つ。
×面接試験の順序を待つ。

意味 ●ものごとをするときの順《じゅん》。●ならんでいるものを、初《はじ》めから数《かぞ》えた番号《ばんごう》。

形勢《けいせい》 ―― 情勢《じょうせい》

フーッ！
形勢《けいせい》不利《ふり》だな。

意味 ものごとのなりゆき。ありさま。

使《つか》い分《わ》け

○世界《せかい》の情勢に目《め》を向《む》ける。
×世界の形勢に目を向ける。
○試合《しあい》の形勢が逆転《ぎゃくてん》する。
×試合の情勢が逆転する。

意味 変化《へんか》するものごとの、その時《とき》その時のようす。

音信《おんしん》 ―― 消息《しょうそく》

AIR
MAIL

その後《ご》は？
くんの
さあ。

意味 ●便《たよ》り。連《れん》らく。●人《ひと》やものごとの、その時々《ときどき》のようす。

使《つか》い分《わ》け

○かれの消息はわからない。
×かれの音信はわからない。
○あの人《ひと》とは音信不通《ふつう》だ。
×あの人とは消息不通だ。

意味 手紙《てがみ》・電話《でんわ》などによる、ようすを知《し》らせる連《れん》らく。

勝負《しょうぶ》 ―― 勝敗《しょうはい》

意味 勝《か》ち負《ま》け。

使《つか》い分《わ》け

○勝敗を問《と》わず全力《ぜんりょく》をつくす。
×勝負を問わず全力をつくす。
○相手《あいて》が弱《よわ》く、勝負にならない。
×相手が弱く、勝敗にならない。

意味 ●勝《か》ち負《ま》け。●勝ち負けを争《あらそ》うこと。

真相《しんそう》 ―― 真実《しんじつ》

意味 ●うそでないこと。本当《ほんとう》のこと。本当の姿《すがた》。●本当に。

使《つか》い分《わ》け

○入賞《にゅうしょう》は、真実うれしかった。
×入賞は、真相うれしかった。
＊「本当《ほんとう》の姿《すがた》」という意味《いみ》ではどちらも使《つか》う。

意味 本当《ほんとう》のようす。本当の姿《すがた》。

不安《ふあん》 ‥‥ 心配《しんぱい》

不安

意味 ●おそろしいことや気《き》がかりなことがあって、心《こころ》が落《お》ち着《つ》かないこと。

使《つか》い分《わ》け

○妹《いもうと》の病状《びょうじょう》を心配する。
×妹の病状を不安する。
○一人《ひとり》で不安な夜《よる》を過《す》ごす。
×一人で心配な夜を過ごす。

心配

意味 ●どうだろうかと気《き》にすること。気《き》がかり。●心《こころ》を配《くば》って世話《せわ》をすること。

発展《はってん》 ‥‥ 進歩《しんぽ》

発展

意味 ●勢《いきお》いや力《ちから》が広《ひろ》がり、よくなること。●ものごとが次《つぎ》の段階《だんかい》へと進《すす》むこと。

使《つか》い分《わ》け

*「よくなること」という意味《いみ》ではどちらも使《つか》う。
○町《まち》が近年《きんねん》、大《おお》きく発展した。
×町が近年、大きく進歩した。

進歩

意味 ものごとが、だんだんよくなること。

性格《せいかく》 ・・・ 性質《せいしつ》

体《からだ》に似《に》ずおとなしいのね。

兄弟《きょうだい》でも
正反対《せいはんたい》ね。

性質

意味 ●その人《ひと》のもっている心《こころ》や行《おこな》いの特《とく》ちょう。●その物《もの》にもともとある特ちょう。

使《つか》い分《わ》け

○油《あぶら》は水《みず》にとけない性質をもつ。

×油は水にとけない性格をもつ。

○団体《だんたい》の性格がわかりにくい。

×団体の性質がわかりにくい。

性格

意味 ●その人《ひと》の考《かんが》え方《かた》や行動《こうどう》にあらわれる特《とく》ちょう。●ものごとによく見《み》られる特ちょう。

解説《かいせつ》 ・・・ 説明《せつめい》

2015年
2020年
○○解説委員《かいせついいん》

説明

意味 あることの意味《いみ》や内容《ないよう》を、よくわかるように述《の》べること。

使《つか》い分《わ》け

○駅《えき》までの行《い》き方《かた》を説明する。

×駅までの行き方を解説する。

○ニュースの解説者《しゃ》になる。

×ニュースの説明者になる。

解説

意味 問題《もんだい》やできごとなどの内容《ないよう》を細《こま》かく分《わ》け、そのわけをわかりやすく述《の》べること。

没頭《ぼっとう》 ―― 専念《せんねん》

今《いま》はまず
治療《ちりょう》に専念《せんねん》だ。

意味 ある一《ひと》つのことだけを、一生《いっしょう》けんめいにすること。

使《つか》い分《わ》け

○休《やす》みを取《と》り治《ち》療《りょう》に専念する。
×休みを取り治療に没頭する。
○仕《し》事《ごと》を忘《わす》れ趣《しゅ》味《み》に没頭する。
×仕事を忘れ趣味に専念する。

意味 あるものごとに夢中《むちゅう》になること。

空想《くうそう》 ―― 想像《そうぞう》

意味 実際《じっさい》にそこにないものや経験《けいけん》していない事《こと》がらを、心《こころ》の中《なか》に思《おも》いうかべること。

使《つか》い分《わ》け

○今後《こんご》のことは想像できない。
×今後のことは空想できない。
○あれこれ、空想にふける。
×あれこれ、想像にふける。

意味 実際《じっさい》にはありそうもないことやまだ見《み》たこともないことを、あれこれ考《かんが》えること。

かなり ・ 相当《そうとう》

意味（相当）●ちょうどあてはまること。●だいぶ。

使《つか》い分《わ》け

○一万円《いちまんえん》相当の品物《しなもの》をもらった。

×一万円かなりの品物をもらった。

＊「だいぶ」という意味《いみ》ではどちらも使《つか》う。

意味（かなり）だいぶ。ずいぶん。

大事《だいじ》 ・ 大切《たいせつ》

意味（大切）●重要《じゅうよう》であるようす。●ていねいにあつかうようす。

使《つか》い分《わ》け

＊「重要《じゅうよう》であるようす」という意《い》味《み》ではどちらも使《つか》う。

○火事《かじ》は幸《さいわ》い大事にいたらなかった。

×火事は幸い大切にいたらなかった。

意味（大事）●重要《じゅうよう》なこと。大変《たいへん》なこと。●重要であるようす。●そまつにしないようす。

弱点《じゃくてん》 ⇔ 短所《たんしょ》

短所

意味 ほかと比《くら》べておとっているところ。好《この》ましくないところ。

使《つか》い分《わ》け

＊「不十分《ふじゅうぶん》なところ」という意味《いみ》ではどちらも使《つか》う。

○相手《あいて》の弱点をついてせめる。

×相手の短所をついてせめる。

弱点

意味 ●不十分《ふじゅうぶん》なところ。●知《し》られると困《こま》るようなこと。弱《よわ》み。

適切《てきせつ》 ⇔ 適当《てきとう》

適当

意味 ●目的《もくてき》や条件《じょうけん》に、よくあてはまるようす。●いいかげんなこと。

使《つか》い分《わ》け

○めんどうなので適当に処理《しょり》する。

×めんどうなので適切に処理する。

＊「よくあてはまる」という意《い》味《み》ではどちらも使《つか》う。

適切

意味 よくあてはまるようす。ふさわしいようす。

天候《てんこう》 ⋯ 天気《てんき》

使《つか》い分《わ》け

意味 ●（その時《とき》、その場所《ばしょ》の）空《そら》のようす。また、空の変化《へんか》のようす。●晴《は》れ。晴天《せいてん》。

○雨《あめ》がやんで、天気になる。
×雨がやんで、天候になる。
○この秋《あき》は天候が不順《ふじゅん》だ。
×この秋は天気が不順だ。

意味（ある期間《きかん》にわたる）空《そら》のようす。空模様《そらもよう》。

共感《きょうかん》 ⋯ 同感《どうかん》

使《つか》い分《わ》け

意味 ある人《ひと》の感《かん》じ方《かた》や考《かんが》え方《かた》と同《おな》じように感じたり考えたりすること。

○きみの主張《しゅちょう》に全《まった》く同感だ。
×きみの主張に全く共感だ。
○かれの行動《こうどう》に共感を覚《おぼ》える。
×かれの行動に同感を覚える。

意味 ほかの人《ひと》の考《かんが》えや気持《きも》ちなどに、自分《じぶん》もそのとおりだと感《かん》じること。

人望《じんぼう》 ―― 人気《にんき》

意味 人々《ひとびと》がその人《ひと》や物《もの》を好《す》きだと思《おも》う気持《きも》ち。世《よ》の中《なか》のよい評判《ひょうばん》。

使《つか》い分《わ》け

○人気のあるゲーム機《き》を買《か》う。

×人望のあるゲーム機を買う。

○先生《せんせい》は、生徒《せいと》の人望が厚《あつ》い。

×先生は、生徒の人気が厚い。

意味 人々《ひとびと》がその人《ひと》に寄《よ》せる信《しん》らいや尊敬《そんけい》。（物《もの》についてはいわない。）

批評《ひひょう》 ―― 批判《ひはん》

意味 ものごとの悪《わる》い点《てん》をさして、意見《いけん》を言《い》うこと。

使《つか》い分《わ》け

○みんなの批判の的《まと》となる。

×みんなの批評の的となる。

○映画《えいが》の批評家《か》になりたい。

×映画の批判家になりたい。

意味 ものごとのよい悪《わる》いを判断《はんだん》し、それについて、自《じ》分《ぶん》の意見《いけん》を言《い》うこと。

応答《おうとう》 …… 返事《へんじ》

意味 ●答《こた》えること。答《こた》えのことば。●答《こた》えの手紙《てがみ》や文書《しょ》。

使《つか》い分《わ》け

○友達《ともだち》に手紙《てがみ》の**返事**を出《だ》す。

×友達に手紙の**応答**を出す。

＊「答《こた》えること」という意味《いみ》ではどちらも使《つか》う。

意味 話《はな》しかけられたり聞《き》かれたりしたことに答《こた》えること。受《う》け答《こた》え。

重宝《ちょうほう》 …… 便利《べんり》

意味 つごうがよいこと。うまく役《やく》に立《た》つこと。

使《つか》い分《わ》け

○この辺《へん》は、交通《こうつう》が**便利**だ。

×この辺は、交通が**重宝**だ。

○この道具《どうぐ》は**重宝**している。

×この道具は**便利**している。

意味 使《つか》ってみて役《やく》に立《た》つこと。また、役に立つものとして使うこと。

方角《ほうがく》 ―― 方向《ほうこう》

意味 ●向《む》いている方面《ほうめん》。向き。●ものごとを進《すす》めていく目当《めあ》て。

使《つか》い分《わ》け

○病状《びょうじょう》がよい方向に向《む》かう。
×病状がよい方角に向かう。
○磁石《じしゃく》を使《つか》って方角を調《しら》べる。
×磁石を使って方向を調べる。

意味 東西南北《とうざいなんぼく》などの向《む》き。方位《ほうい》。

手段《しゅだん》 ―― 方法《ほうほう》

最終《さいしゅう》バスが行《い》っちゃった。どうしよう？

図書館
図書館の利用法

意味 ある目的《もくてき》を果《は》たすためのやり方《かた》。手立《てだ》て。

使《つか》い分《わ》け

○調理《ちょうり》の方法を教《おし》えてもらう。
×調理の手段を教えてもらう。
○現地《げんち》に行《い》く交《こう》通《つう》手段がない。
×現地に行く交通方法がない。

意味 ある目的《もくてき》を成《な》しとげるためのやり方《かた》。仕方《しかた》。

将来《しょうらい》 …… 未来《みらい》

意味 現在《げんざい》のあとにくる、これから先《さき》の時《とき》。

使《つか》い分《わ》け

○未来都市《とし》の想《そう》像図《ぞうず》を見《み》た。

×将来都市の想像図を見た。

○将来の希望《きぼう》はパイロットだ。

×未来の希望はパイロットだ。

意味 これから先《さき》。行《ゆ》く末《すえ》。

的中《てきちゅう》 …… 命中《めいちゅう》

意味 ねらったものに、うまく当《あ》たること。

使《つか》い分《わ》け

○えものに命中させるには遠《とお》すぎる。

×えものに的中させるには遠すぎる。

○ぼくの予感《よかん》は的中した。

×ぼくの予感は命中した。

意味 ●たまや矢《や》が、的《まと》に当《あ》たること。●考《かんが》えたことがぴたりと当たること。

著名《ちょめい》 ⇔ 有名《ゆうめい》

有名

意味 広《ひろ》く知《し》られていること。名《な》が知られていること。

使《つか》い分《わ》け

○あの話《はなし》は有名だ。

×あの話は著名だ。

＊「名《な》が知《し》られていること」という意味《いみ》ではどちらも使《つか》う。

著名

意味 名《な》が知《し》れわたっていること。

こつ ⇔ 要領《ようりょう》

要領

意味 ●ものごとの大切《たいせつ》なところ。●ものごとをじょうずに行《おこな》う方法《ほうほう》。

使《つか》い分《わ》け

○さっぱり要領を得《え》ない説明《せつめい》。

×さっぱりこつを得ない説明。

○一度《いちど》にかたづけるこつがある。

×一度にかたづける要領がある。

こつ

意味 ものごとをうまく成《な》しとげるために役立《やくだ》つ方法《ほうほう》。

世間《せけん》 ― 世《よ》の中《なか》

世の中

意味 人々《ひとびと》がつながりをもって生活《せいかつ》している場《ば》。

使《つか》い分《わ》け

○暮《く》らしにくい世の中になった。
×暮らしにくい世間になった。
○世間知《し》らずにもほどがある。
×世の中知らずにもほどがある。

世間

意味 ●生活《せいかつ》している場《ば》。生活している人々《ひとびと》。●人々とのつき合《あ》いのはんい。

▼了解《りょうかい》 ― 理解《りかい》

理解

意味 ●ものごとの筋道《すじみち》やわけを知《し》ること。●人《ひと》の立《たち》場《ば》や気持《きも》ちを思《おも》いやること。

使《つか》い分《わ》け

○相手《あいて》の考《かんが》えに理解を示《しめ》す。
×相手の考えに了解を示す。
○欠席《けっせき》の申《もう》し出《で》を了解する。
×欠席の申し出を理解する。

了解

意味 ものごとの筋道《すじみち》やわけをよく知《し》って、なっとくすること。

活用《かつよう》 ―― 利用《りよう》

きみはトス
きみはレシーブ
きみはアタック

意味 ●役《やく》に立《た》つように、うまく使《つか》うこと。●自分《じぶん》の利益《りえき》のために使うこと。

使《つか》い分《わ》け

○電車《でんしゃ》を利用して会場《かいじょう》へ行《い》く。
×電車を活用して会場へ行く。
○人材《じんざい》の活用をはかる。
×人材の利用をはかる。

意味 そのものの性質《せいしつ》やはたらきをうまく生《い》かして使《つか》うこと。

特別《とくべつ》 ―― 例外《れいがい》

特売日《とくばいび》

校則《こうそく》
帽子着用《ぼうしちゃくよう》

意味 決《き》まりにあてはまらないこと。ふつうの例《れい》から外《はず》れること。

使《つか》い分《わ》け

○規則《きそく》に例外をもうける。
×規則に特別をもうける。
○今日《きょう》は特別暑《あつ》い。
×今日は例外暑い。

意味 ふつうとはちがっているようす。

Q2

類《るい》義《ぎ》語《ご》クイズ！

次《つぎ》の空《くう》らんに合《あ》う類義語を下《した》のア～クから選《えら》んで、記号《きごう》で答《こた》えましょう。

賛《さん》成《せい》	＝	答え
答え	＝	無《ぶ》礼《れい》
見《けん》学《がく》	＝	答え
大《たい》切《せつ》	＝	答え
答え	＝	著《ちょ》名《めい》
進《しん》歩《ぽ》	＝	答え

ア. 大事《だいじ》　イ. 決意《けつい》　ウ. 結末《けつまつ》　エ. 見物《けんぶつ》

オ. 有名《ゆうめい》　カ. 同意《どうい》　キ. 失礼《しつれい》　ク. 発展《はってん》

【答え】賛成－カ（同意）／キ（失礼）－無礼／見学－エ（見物）／大切－ア（大事）／オ（有名）－著名／進歩－ク（発展）

第《だい》3章《しょう》

反《はん》対《たい》語《ご》（対《たい》義《ぎ》語《ご》）

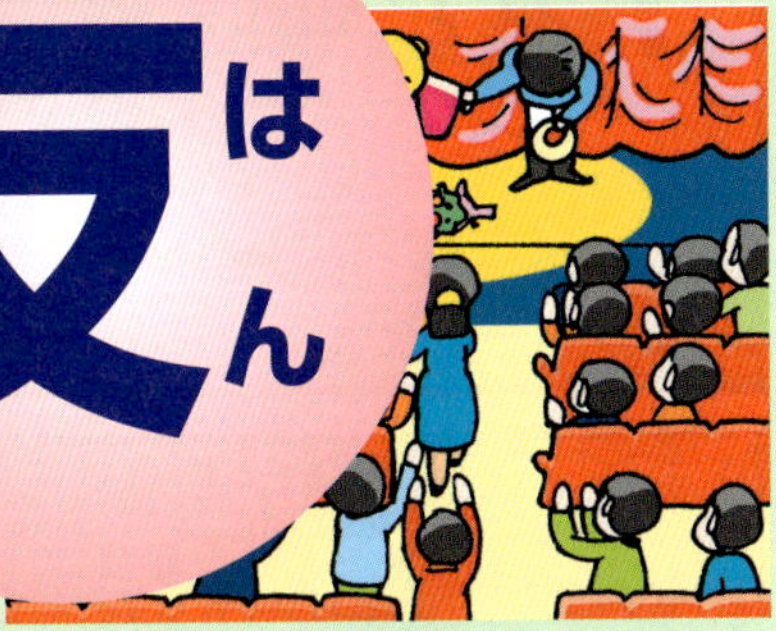

反対語（対義語）ってなあに？

さあ
こい!
じゃあ
いくわよ!
それぇ~
あ……
どう
病院生活《びょういんせいかつ》は?
快適《かいてき》だよ。
国語《こくご》の勉強《べんきょう》が
じっくりできるし。

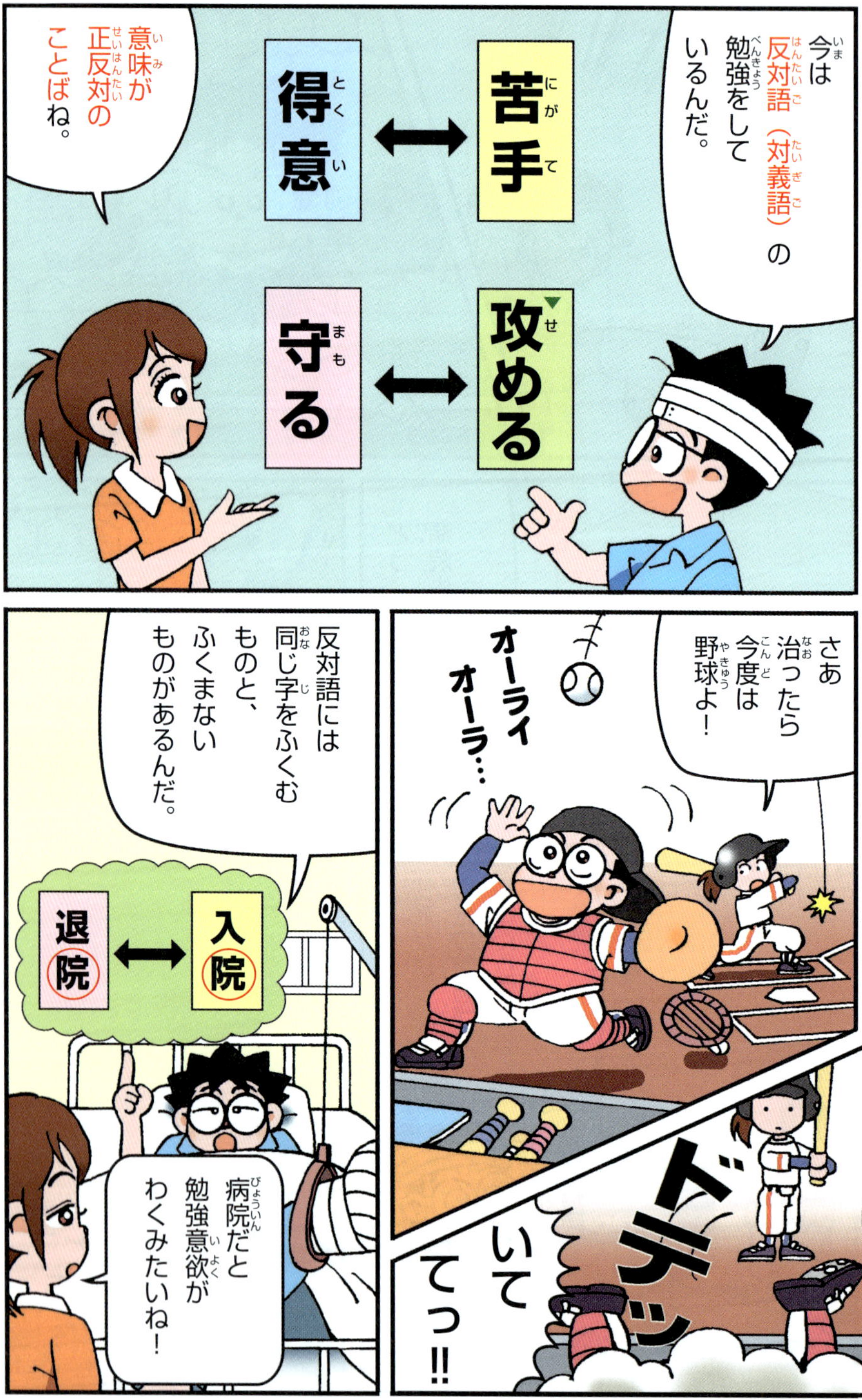
今《いま》は反対語《はんたいご》（対義語《たいぎご》）の勉強《べんきょう》をしているんだ。
苦手《にがて》 ↔ 得意《とくい》
攻《せ》める ↔ 守《まも》る
意味《いみ》が正反対《せいはんたい》のことばね。
さあ治《なお》ったら今度《こんど》は野球《やきゅう》よ！
オーライ
オーラ…
ドテッ
いてて っ!!
反対語には同《おな》じ字《じ》をふくむものと、ふくまないものがあるんだ。
入院 ↔ 退院
病院《びょういん》だと勉強意欲《いよく》がわくみたいね！

上《あ》がる ⟷ 下《さ》がる

上《あ》がる

意味 ●高《たか》くなる。●よくなる。うまくなる。

例 物価《ぶっか》が上がる。／室温《しつおん》が上がる。／ピアノのうでが上がる。

下《さ》がる

意味 ものの位置《いち》や程度《ていど》、あたいなどが低《ひく》くなる。

例 気温《きおん》が下がる。／成績《せいせき》が下がる。／野菜《やさい》の値段《ねだん》が下がる。

明《あか》るい ⟷ 暗《くら》い

明《あか》るい

意味 ●光《ひかり》が強《つよ》く、ものがよく見《み》えるようす。●ほがらか。●希望《きぼう》がもてる。

例 この部屋《へや》は明るい。／明るい声《こえ》で歌《うた》う。／明るい社会《しゃかい》を築《きず》く。

暗《くら》い

意味 ●光《ひかり》が弱《よわ》く、ものがよく見《み》えないようす。●晴《は》ればれしない。●希《き》望《ぼう》がもてない。

例 夜道《よみち》は暗い。／気持《きも》ちが暗い。／先行《さきゆ》きは暗い。

暑《あつ》い

意味 気温《きおん》が高《たか》い。気温の高さを感《かん》じる。

例 今年《ことし》の夏《なつ》は、去年《きょねん》よりもずっと暑い。／暖《だん》ぼうを強《つよ》くしたせいか暑いぐらいだ。

寒《さむ》い

意味 気温《きおん》が低《ひく》い。気温の低さを感《かん》じる。

例 北国《きたぐに》の冬《ふゆ》は寒い。／寒いので、コートを着《き》て出《で》かけた。

熱《あつ》い

意味 ●温度《おんど》が高《たか》い。●はげしい気《き》持《も》ちが感《かん》じられる。

例 熱いお茶《ちゃ》を飲《の》む。／おふろが熱いので、水《みず》を入《い》れる。／物語《ものがたり》を読《よ》んで胸《むね》が熱くなる。

冷《つめ》たい

意味 ●温度《おんど》が低《ひく》い。●思《おも》いやりがない。

例 冷たいジュースを飲《の》む。／友達《ともだち》の態度《たいど》が冷たいので、わけをたずねる。

厚《あつ》い ⇔ 薄《うす》い

意味 二《ふた》つの面《めん》の間《あいだ》のはなれ方《かた》が大《おお》きい。

例 厚いコートを着《き》る。／工作《こうさく》に使《つか》うための厚い紙《かみ》を買《か》う。

意味 二《ふた》つの面《めん》の間《あいだ》のはなれ方《かた》が小《ちい》さい。

例 薄いセーターをはおる。／包《つつ》み紙《がみ》が薄いので、中《なか》がすけて見《み》える。

安心《あんしん》 ⇔ 心配《しんぱい》

意味 気《き》がかりなことがないこと。

例 いとこの病気《びょうき》が治《なお》ったと聞《き》き、安心する。／兄《あに》がいっしょなら安心だ。

知っとく 「不安《ふあん》」も「安心」の反対語《はんたいご》。

意味 どうなるのかと気《き》にすること。

例 弟《おとうと》の帰《かえ》りがおそいので心配だ。／心配なことがなくなって、晴《は》ればれした気分《きぶん》だ。

危険《きけん》 ↔ 安全《あんぜん》

意味 危《あぶ》ないこと。

例 この先《さき》は、山《やま》くずれの危険がある。／一人《ひとり》で無《む》人島《じんとう》へ行《い》くなんて、危険が多《おお》すぎる。

意味 危《あぶ》なくないこと。

例 安全な場所《ばしょ》へひなんする。／この道《みち》を通《とお》って行《い》けば安全だ。

死《し》ぬ ↔ 生《い》きる

意味 ●命《いのち》がなくなる。●役《やく》に立《た》たない。

例 鳥《とり》が死ぬ。／今《いま》のままではせっかくの工夫《くふう》が死ぬ。

知っとく 「生《う》まれる」も「死ぬ」の反対語《はんたいご》。

意味 ●命《いのち》を保《たも》つ。●生活《せいかつ》する。●役《やく》に立《た》つ。

例 百歳《ひゃくさい》まで生きる。／希望《きぼう》をもって生きる。／これまでの経験《けいけん》が生きる。

以上《いじょう》 ↔ 以下《いか》

意味 ●それをふくめて、それより上《うえ》。●それまで述《の》べてきたこと。

例 中学生《ちゅうがくせい》以上を対象《たいしょう》とした読《よ》み物《もの》。／以上のことを守《まも》ってください。

意味 ●それをふくめて、それより下《した》。●それよりあと。

例 小学生《しょうがくせい》以下は入場無料《にゅうじょうむりょう》です。／以下の文《ぶん》は省略《しょうりゃく》します。

以前《いぜん》 ↔ 以後《いご》

意味 ●その時《とき》より前《まえ》。●そうなる前。

例 八時《はちじ》以前なら、まだ家《いえ》におります。／ここは、以前は港町《みなとまち》としてにぎわっていた。

意味 ●その時《とき》からあと。そののち。●これからあと。今後《こんご》。

例 九時《くじ》以後ならお会《あ》いできます。／以後、十分《じゅうぶん》に気《き》をつけます。

移動《いどう》

意味 場所《ばしょ》を変《か》わったり、変えたりすること。

例 バスで移動する。／机《つくえ》を移動する。

知っとく 「異動《いどう》」は、役目《やくめ》や地位《ちい》などが変わること。

固定《こてい》

しっかりとめてね。

意味 ある決《き》まった場所《ばしょ》から動《うご》かないこと。動かさないこと。

例 テーブルを食堂《しょくどう》の中央《ちゅうおう》に固定する。／ネジをしめて固定する。

運動《うんどう》

意味 ものが動《うご》くこと。

例 ふりこの運動を止《と》める。

知っとく 「平和運動《へいわうんどう》」の場合《ばあい》は、「ある目的《もくてき》のために行動《こうどう》すること」の意味《いみ》。

静止《せいし》

ピタッ

意味 じっとして動《うご》かないこと。

例 片足《かたあし》を上《あ》げたままで静止しているのは、なかなか難《むずか》しい。／転《ころ》がったボールがやがて静止する。

短縮《たんしゅく》 ↔ 延長《えんちょう》

意味 時間《じかん》やきょりなどをちぢめること。

例 みんなが協力《きょうりょく》して、作業時間《さぎょうじかん》を短縮する。／近道《ちかみち》を通《とお》って、歩《ある》くきょりを短縮する。

意味 長《なが》さや時間《じかん》などをのばすこと。

例 道路《どうろ》を山《やま》の中《ちゅう》腹《ふく》まで延長する。／会議《かいぎ》の時間を二《に》時間《じかん》延長する。

不和《ふわ》 ↔ 円満《えんまん》

意味 仲《なか》が悪《わる》いこと。

例 意見《いけん》の対立《たいりつ》がもとで、友達《ともだち》との間《あいだ》が不和になる。／両国間《りょうこくかん》の不和は、ここ数年続《すうねんつづ》いている。

意味 ●もめごとがなく、仲《なか》のよいようす。●人《ひと》がらがおだやかなこと。

例 円満に話《はな》し合《あ》いを進《すす》める。／円満な人がらがみんなに好《す》かれる。

縦断《じゅうだん》 ↔ 横断《おうだん》

東京100

意味 縦《たて》に通《とお》りぬけること。

例 自転車《じてんしゃ》で、北《きた》のはしから南《みなみ》のはしまで、本州《ほんしゅう》を縦断する。

意味 横切《よこぎ》ること。

例 道路《どうろ》を横断する。／太平洋岸《たいへいようがん》から日本海側《にほんかいがわ》まで、オートバイで横断する。

寒冷《かんれい》 ↔ 温暖《おんだん》

意味 気候《きこう》が寒《さむ》く、きびしいこと。

例 寒冷な地域《ちいき》に住《す》む人々《ひとびと》にとって、冬《ふゆ》の暮《く》らしはきびしい。

この地方《ちほう》は冬《ふゆ》でもあたたかいね。

意味 気候《きこう》があたたかく、おだやかであること。

例 温暖な気候にめぐまれた土地《とち》で暮《く》らす。

開会《かいかい》 ⇔ 閉会《へいかい》

開《かい》会《かい》式《しき》
せんせい！

意味 会《かい》が始《はじ》まること。会を始《はじ》めること。

例 開会は午前《ごぜん》九《く》時《じ》の予定《よてい》です。

知っとく 似《に》た意味《いみ》の「開幕《かいまく》」は、しばいなどが始まること。

閉《へい》会《かい》式《しき》

意味 会《かい》が終《お》わること。会を終《お》えること。

例 議長《ぎちょう》が閉会のことばを述《の》べる。

知っとく 似《に》た意味《いみ》の「閉幕《へいまく》」は、しばいなどが終わること。

開始《かいし》 ⇔ 終了《しゅう▼りょう》

テスト始《はじ》め！

意味 ものごとが始《はじ》まること。始《はじ》めること。

例 集《あつ》まった人《ひと》たちが、ボランティア活動《かつどう》を開始する。／試合《しあい》の開始時刻《じこく》がせまってきた。

テスト終《お》わり！

意味 ものごとが終《お》わること。終《お》えること。

例 本日《ほんじつ》の業務《ぎょうむ》は終了しました。／会議《かいぎ》は、予定《よてい》どおり終了した。

縮小《しゅくしょう》 ↔ 拡大《かくだい》

きれい！

意味 広《ひろ》げて大《おお》きくすること。

例 写真《しゃしん》を拡大する。／工場《こうじょう》のしき地《ち》を拡大する。

知っとく 「拡《かく》」は、「ひろげる」という意味《いみ》。

ハガキにしたよ。

意味 ちぢめて小《ちい》さくすること。

例 店《みせ》の売《う》り場《ば》を縮小する。／計画《けいかく》を縮小する。

知っとく 「縮《しゅく》」は、「ちぢめる」という意味《いみ》。

否決《ひけつ》 ↔ 可決《かけつ》

賛成
反対
賛成《さんせい》多数《たすう》です。

意味 会議《かいぎ》で、議《ぎ》案《あん》をよいとみとめること。

例 投票《とうひょう》の結果《けっか》、新《あたら》しい提案《ていあん》が賛成《さんせい》多数《たすう》で可決された。

賛成
反対
反対多数《はんたいたすう》で否決《ひけつ》。

意味 会議《かいぎ》で、ある議案《ぎあん》をみとめないと決《き》めること。

例 その法案《ほうあん》は、わずかな差《さ》で否決された。

知っとく 「可否《かひ》」は、「よしあし」のこと。

過去《かこ》 ↔ 未来《みらい》

意味 すぎさった時《とき》。昔《むかし》。

例 過去をふり返《かえ》る。／過去の思《おも》い出《で》にひたる。

知っとく 「現在《げんざい》」も「過去」の反対語《はんたいご》。

意味 これから先《さき》の時《とき》。将来《しょうらい》。

例 未来の夢《ゆめ》を語《かた》り合《あ》う。／未来都《と》市《し》をえがいた物語《ものがたり》を読《よ》む。

知っとく 「現在《げんざい》」も「未来」の反対語《はんたいご》。

過失《かしつ》 ↔ 故意《こい》

意味 不注意《ふちゅうい》によって起《お》きるあやまち。しくじり。

例 事故《じこ》の原因《げんいん》は、運転手《うんてんしゅ》の過失だった。／自分《じぶん》の過失をすなおにみとめる。

意味 わざとすること。

例 集会《しゅうかい》で故意にさわぎたてる。

知っとく 「よくないことをわざとする」という意味《いみ》で使《つか》うことが多《おお》い。

理《り》性《せい》 ⇔ 感《かん》情《じょう》

意味 ものごとを筋道《すじみち》だてて正《ただ》しく判断《はんだん》する頭《あたま》のはたらき。

例 理性を失《うしな》わないように落《お》ち着《つ》いて行動《こうどう》する。／理性的《てき》にふるまう。

意味 うれしい・悲《かな》しい・楽《たの》しい・つまらないなどと感《かん》じる心《こころ》のはたらき。

例 感情が顔《かお》に表《あらわ》れる。／感情をおさえる。

終《しゅう》点《てん》 ⇔ 起《き》点《てん》

意味 ものごとの終《お》わるところ。電《でん》車《しゃ》やバスなどが行《い》きつく最後《さいご》の場所《ばしょ》。

例 遊歩道《ゆうほどう》の終点まで歩《ある》く。／列車《れっしゃ》に乗《の》って、終点まで行く。

意味 ものごとの始《はじ》まるところ。出《しゅっ》発点《ぱってん》。

例 この町《まち》は、昔《むかし》の街道《かいどう》の起点だった。／学校《がっこう》を起点にして、家《いえ》までのきょりを測《はか》る。

主《しゅ》観《かん》 ↔ 客《きゃっ》観《かん》

親友《しんゆう》を応《おう》えんしたいな…。

意味 ものごとに対《たい》する自《じ》分《ぶん》の見《み》方《かた》や考《かんが》え方《かた》。

例 あなたの発《はつ》言《げん》は、主観にかたよりすぎている。／主観をまじえずに話《はな》すようにする。

環《かん》境《きょう》について
データによれば…

意味 ものごとを自《じ》分《ぶん》の考《かんが》えや気《き》持《も》ちにとらわれず、ありのままに見《み》ること。

例 客観的《てき》な判《はん》断《だん》にしたがって行《こう》動《どう》する。

▼需《じゅ》要《よう》 ↔ 供《きょう》給《きゅう》

○○青《せい》果《か》

意味 買《か》い手《て》が、品《しな》物《もの》を必《ひつ》要《よう》とすること。

例 若《わか》者《もの》たちの間《あいだ》で新《しん》型《がた》ゲーム機《き》の需要が高《たか》まる。／商《しょう》品《ひん》の需要がのびる。

○○青《せい》果《か》

意味 必《ひつ》要《よう》なものをあたえること。売《う》るための品《しな》物《もの》を市《し》場《じょう》に出《だ》すこと。

例 台《たい》風《ふう》におそわれ、農《のう》作《さく》物《ぶつ》の供給が少《すく》なくなる。

単独《たんどく》 ⟷ 共同《きょうどう》

意味 二人《ふたり》以上《いじょう》が、一《ひと》つのことにかかわること。

例 父《ちち》が友人《ゆうじん》と共同で店《みせ》を開《ひら》く。

知っとく 同音《どうおん》の「協同《きょうどう》」は、助《たす》け合《あ》ってすること。

意味 一人《ひとり》であること。ただ一《ひと》つであること。

例 単独で行動《こうどう》する。／さしせまった問題《もんだい》だけを単独に取《と》り上《あ》げて、話《はな》し合《あ》う。

禁止《きんし》 ⟷ 許可《きょか》

意味 願《ねが》いごとを聞《き》き入《い》れること。ゆるすこと。

例 入会《にゅうかい》の許可が下《お》りる。／他校《たこう》との交流試合《こうりゅうじあい》への参加《さん》《か》を許可する。

意味 してはいけないと、とめること。ゆるさないこと。

例 屋上《おくじょう》での遊《あそ》びが禁止になる。／工場内《こうじょうない》への立《た》ち入《い》りを禁止する。

遠洋《えんよう》 ↔ 近海《きんかい》

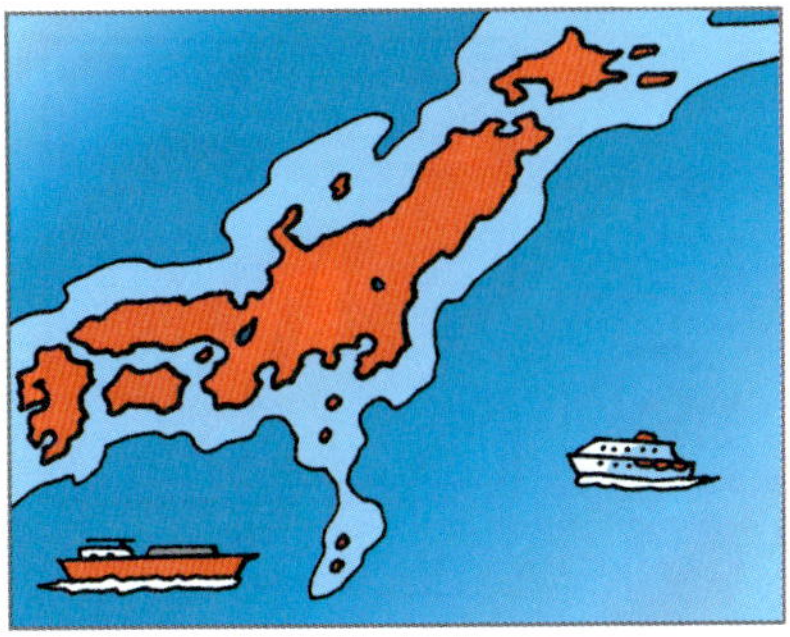

遠洋

意味 陸地《りくち》から遠《とお》くはなれた海《うみ》。

例 遠洋で漁《りょう》をする。／船《ふね》で遠洋へ乗《の》り出《だ》す。

知っとく 「遠洋漁業《えんようぎょぎょう》」に対《たい》しては「沿岸《えんがん》漁業《ぎょぎょう》」ともいう。

近海

意味 陸地《りくち》に近《ちか》い海《うみ》。

例 近海でとれた魚《さかな》を食《た》べる。／近海で漁業《ぎょぎょう》を行《おこな》う。

知っとく 「遠海《えんかい》」も「近海」の反対語《はんたいご》。

満腹《まんぷく》 ↔ 空腹《くうふく》

満腹

意味 十分《じゅうぶん》食《た》べて、はらがいっぱいになること。

例 満腹で、これ以上《いじょう》食べられない。／満腹になる前《まえ》に食べるのをやめておく。

空腹

意味 はらがすいていること。

例 空腹だったので、三《さん》ばいもお代《か》わりした。／空腹で目《め》が回《まわ》りそうだ。

▼抽象《ちゅうしょう》 ↔ 具体《ぐたい》

抽象

意味 （「的《てき》」をつけて）実際《じっさい》の事《こと》がらからはなれていて、意味《いみ》がはっきりしないようす。

例 話《はなし》が抽象的でわかりにくい。

具体

意味 （「的《てき》」「化《か》」をつけて）考《かんが》えの上《うえ》だけでなく、目《め》に見《み》える形《かたち》をそなえていること。

例 具体的に説明《せつめい》する。／計画《けいかく》が具体化する。

赤字《あかじ》 ↔ 黒字《くろじ》

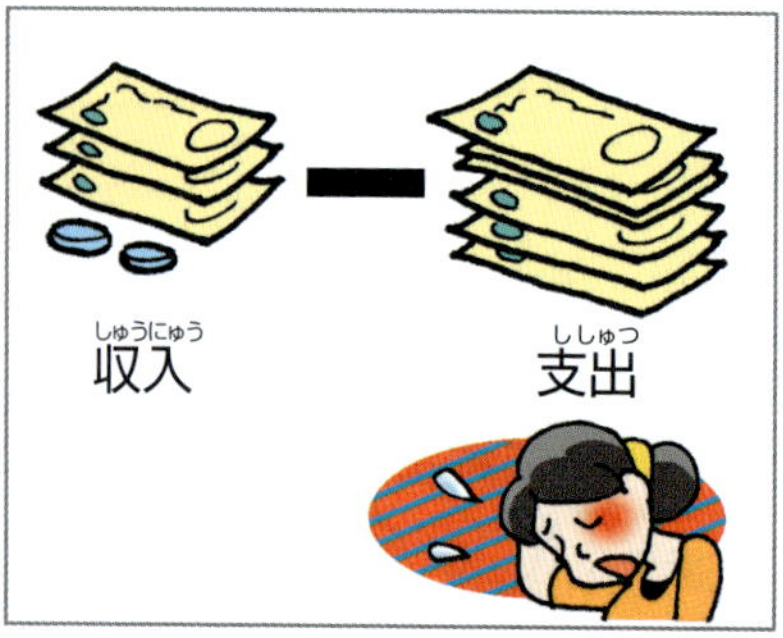

赤字

意味 入《はい》ったお金《かね》より、出《で》たお金のほうが多《おお》いこと。

例 今月《こんげつ》の家計《かけい》は赤字になりそうだと、母《はは》がなげいている。

黒字

意味 使《つか》ったお金《かね》より、入《はい》ったお金のほうが多《おお》いこと。

例 節約《せつやく》したので、今月《こんげつ》のおこづかいは黒字になった。／父《ちち》の会社《かいしゃ》は黒字だそうだ。

重視《じゅうし》 ⟷ 軽視《けいし》

津波《つなみ》警報《けいほう》発令《はつれい》！

意味 大事《だいじ》なこととして、重《おも》く見《み》ること。

例 結果《けっか》より努力《どりょく》したことを重視する。／実験《じっけん》の結果を重視して、研究《けんきゅう》を進《すす》める。

津波《つなみ》警報《けいほう》発令《はつれい》！

意味 ものごとを軽《かる》く見《み》て、大切《たいせつ》だと思《おも》わないこと。

例 今回《こんかい》の事件《じけん》は軽視できない。／私《わたくし》の提案《ていあん》は軽視され、取《と》り上《あ》げてもらえなかった。

内容《ないよう》 ⟷ 形式《けいしき》

もりだくさん！

意味 ●中《なか》に入《はい》っている物《もの》。●文章《ぶんしょう》や話《はなし》などで表《あらわ》された事《こと》がら。

例 ビンの内容物《ぶつ》を調《しら》べる。／この文章は、長《なが》いだけで内容にとぼしい。

意味 ●外《そと》から見《み》た形《かたち》。見《み》かけ。●一定《いってい》のやり方《かた》。

例 形式を整《ととの》えて届《とど》け出《で》を出《だ》す。

知っとく 「形式的《けいしきてき》」は、内容《ないよう》よりも形を重《おも》く見るようす。

▼緯度《いど》 ⟷ 経度《けいど》

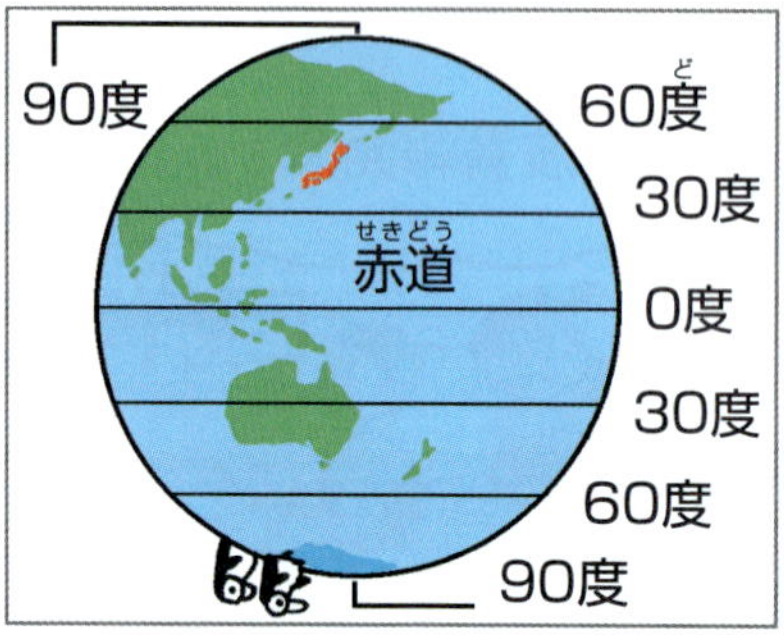

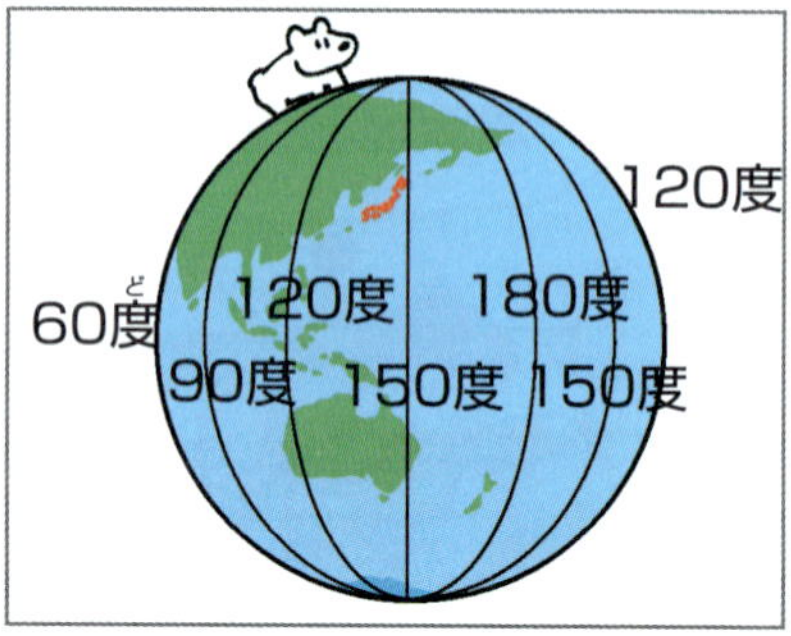

緯度

意味 地球上《ちきゅうじょう》のある地点《ちてん》が、赤道《せきどう》から南北《なんぼく》にどれくらいはなれているかを角度《かくど》で表《あらわ》したもの。

例 南極点《なんきょくてん》の緯度は南緯九〇度《なんいきゅうじゅうど》だ。

経度

意味 地球上《ちきゅうじょう》のある地点《ちてん》が、基準《きじゅん》とする位置《いち》から東西《とうざい》にどれくらいはなれているかを角度《かくど》で表《あらわ》したもの。

例 地図《ちず》で東京《とうきょう》の経度を調《しら》べる。

結果《けっか》 ⟷ 原因《げんいん》

結果

意味 あることをしたために起《お》こった事《こと》がら。

例 実験《じっけん》の結果をグラフに表《あらわ》す。／がんばった結果、一位《いちい》に入賞《にゅうしょう》した。

原因

意味 ものごとが起《お》こるもとになること。また、もとになった事《こと》がら。

例 事故《じこ》の原因を調《しら》べる。／けんかの原因はほんの小《ちい》さなことだ。

義務《ぎむ》 ↔ 権利《けんり》

義務

意味 きまりがあって、守《まも》らなければいけないこと。

例 法律《ほうりつ》にしたがうのは、国民《こくみん》の義務だ。／義務を果《は》たすために努力《どりょく》する。

権利

意味 ある事《こと》がらを自由《じゆう》にできる資《し》格《かく》。

例 自分《じぶん》の権利を主張《しゅちょう》する。／会議《かいぎ》に出《で》ている人《ひと》は、だれでも意見《いけん》を言《い》う権利がある。

不運《ふうん》 ↔ 幸運《こううん》

不運

意味 運《うん》が悪《わる》いこと。ついてないこと。

例 たび重《かさ》なる不運に力《ちから》を落《お》とす。／一回戦《いっかいせん》で強敵《きょうてき》と当《あ》たったのは、不運だった。

幸運

意味 運《うん》がよいこと。よいめぐり合《あ》わせ。

例 切《きっ》ぷが取《と》れたのは幸運だった。

知っとく 「非運《ひうん》」も「幸運」の反対語《はんたいご》。「好運《こううん》」とも書《か》く。

安《あん》価《か》 ↔ 高《こう》価《か》

意味 値《ね》段《だん》が安《やす》いこと。

例 駅前《えきまえ》の洋品店《ようひんてん》の品物《しなもの》は、安価な割《わり》に質《しつ》がいい。／安価な商品《しょうひん》を買《か》い求《もと》める。

意味 値《ね》段《だん》が高《たか》いこと。

例 表通《おもてどお》りの店《みせ》では高価な品物《しなもの》をそろえている。／高価なアクセサリーを身《み》に着《つ》ける。

不《ふ》評《ひょう》 ↔ 好《こう》評《ひょう》

意味 評判《ひょうばん》がよくないこと。

例 先週《せんしゅう》から始《はじ》まった連続《れんぞく》ドラマは不評だ。／バレエの公演《こうえん》が不評に終《お》わる。

意味 評判《ひょうばん》がよいこと。また、よい評判。

例 発表会《はっぴょうかい》での劇《げき》は、好評だった。

知っとく 「悪評《あくひょう》」も「好評」の反対語《はんたいご》。

公用《こうよう》

意味 ●国《くに》や役所《やくしょ》などの用事《ようじ》。●国や役所などが使《つか》うこと。

例 公用で東京《とうきょう》へ行《い》く。／うめ立《た》て地《ち》に公用の建物《たてもの》を建《た》てる。

私用《しよう》

私用《しよう》ケータイ
仕事用《しごとよう》ケータイ

意味 ●自分《じぶん》のための個人的《こじんてき》な用事《ようじ》。●自分のために使《つか》うこと。

例 私用で会社《かいしゃ》を休《やす》む。／会社のパソコンなので、私用は許《ゆる》されない。

困難《こんなん》

アッ

意味 ものごとをするのが非常《ひじょう》にむずかしいようす。

例 作品《さくひん》を三日《みっか》で仕上《しあ》げるのは困難だ。／解決《かいけつ》の困難な問題《もんだい》がたくさんある。

容易《ようい》

すぐできた。

意味 やさしく、簡単《かんたん》にできるようす。

例 部品《ぶひん》さえそろえば組《く》み立《た》てるのは容易だ。／予選《よせん》は容易に勝《か》ち進《すす》めるはずだ。

反対《はんたい》 ↔ 賛成《さんせい》

反対《はんたい》

意味 ある意見《いけん》ややり方《かた》などにさからうこと。

例 学級会《がっきゅうかい》で反対の意見を述《の》べる。／住民《じゅうみん》がマンションの建設《けんせつ》に反対する。

賛成《さんせい》

意味 人《ひと》の考《かんが》えや意見《いけん》をよいとみとめること。

例 賛成が多数《たすう》なので、提案《ていあん》どおり決定《けってい》する。／子供《こども》会《かい》の活動方針《かつどうほうしん》に賛成する。

解散《かいさん》 ↔ 集合《しゅうごう》

解散《かいさん》

意味 集《あつ》まった人《ひと》たちがちりぢりにわかれること。

例 帰《かえ》りのあいさつのあと、解散となる。／駅《えき》の改札《かいさつ》口《ぐち》を出《で》た所《ところ》で解散する。

集合《しゅうごう》

意味 一《いっ》か所《しょ》に集《あつ》まること。また、集めること。

例 ねぼうして、集合の時刻《じこく》におくれる。／朝八時《あさはちじ》に、校庭《こうてい》に集合する。

支出《ししゅつ》 ↔ 収入《しゅうにゅう》

支出《ししゅつ》

意味 お金《かね》をしはらうこと。また、しはらったお金。

例 節約《せつやく》して支出をおさえる。／おこづかいから二百《にひゃく》円《えん》支出する。

収入《しゅうにゅう》

意味 お金《かね》が自分《じぶん》のものとして入《はい》ってくること。また、入ってきたお金。

例 収入の多《おお》い仕《し》事《ごと》につく。／ひと月《つき》二《に》十万円《じゅうまんえん》の収入がある。

欠席《けっせき》 ↔ 出席《しゅっせき》

欠席《けっせき》

意味 授業《じゅぎょう》や会合《かいごう》などに、出《で》るはずの人《ひと》が出ないこと。

例 かぜをひいて、水泳教室《すいえいきょうしつ》を欠席する。／欠席する人は必《かなら》ず届《とど》けを出《だ》すこと。

出席《しゅっせき》

意味 授業《じゅぎょう》や会合《かいごう》などに出《で》ること。

例 クラスの代表《だいひょう》として、代表委員《だいひょういいん》会《かい》に出席する。／課外授業《かがいじゅぎょう》に出席する人《ひと》の数《かず》を調《しら》べる。

出発《しゅっぱつ》 ↔ 到着《とうちゃく》

意味 目的《もくてき》の場所《ばしょ》に向《む》かって出《で》かけること。

例 大雨《おおあめ》のために、出発がおくれている。／登山隊《とざんたい》は、朝六《あさろく》時《じ》に山小屋《やまごや》を出発した。

意味 人《ひと》や物《もの》が目《もく》的《てき》の場所《ばしょ》に着《つ》くこと。届《とど》くこと。

例 門《もん》の前《まえ》で、お客様《きゃくさま》の到着を待《ま》つ。／電車《でんしゃ》は、二十分《にじっぷん》おくれで駅《えき》に到着した。

上昇《じょうしょう》 ↔ 下降《かこう》

意味 上《うえ》の方《ほう》にのぼること。高《たか》く上《あ》がること。

例 物価《ぶっか》の上昇をおさえる政策《せいさく》がとられる。

知っとく 「降下《こうか》」も「上昇」の反対語《はんたいご》。

意味 下《した》に下《さ》がること。おりること。

例 わしがえものをねらって、一気《いっき》に下降する。／土《と》地《ち》の値段《ねだん》がどんどん下降した時期《じき》がある。

上品《じょうひん》 ↔ 下品《げひん》

意味 すぐれていたり、好《この》ましかったりするようす。

例 家具《かぐ》の色《いろ》の取《と》り合《あ》わせがとても上品だ。／上品な女《おんな》の人《ひと》に道《みち》をたずねられた。

意味 好《この》ましくなかったり、いやしかったりするようす。

例 大声《おおごえ》で話《はな》しながら食事《しょくじ》をするのは下品だ。／下品なことばづかいはやめる。

勝利《しょうり》 ↔ 敗北《はいぼく》

意味 戦《たたか》いや試合《しあい》などに勝《か》つこと。

例 決勝戦《けっしょうせん》では白《しろ》組《ぐみ》が勝利を収《おさ》めた。／勝利を目前《もくぜん》にしながら、逆転《ぎゃくてん》されてしまった。

意味 戦《たたか》いや試合《しあい》などに負《ま》けること。

例 十点《じってん》も差《さ》がついては、敗北は明《あき》らかだ。／敵《てき》の大《たい》軍《ぐん》にせめられて敗北する。

停止《ていし》 ↔ 進行《しんこう》

意味 ●動《うご》いているとちゅうで止《と》まること。●続《つづ》いていた活動《かつどう》を一時《いちじ》止《と》めること。

例 車《くるま》が赤信号《あかしんごう》で停止する。／生産《せいさん》を停止する。

意味 ●前《まえ》へ進《すす》んでいくこと。●ものごとがはかどること。

例 電車《でんしゃ》が時間《じかん》どおりに進行する。／会議《かいぎ》が進行する。

天然《てんねん》 ↔ 人工《じんこう》

意味 人手《ひとで》を加《くわ》えていない、自然《しぜん》のままのようす。

例 どうくつの中《なか》から天然の氷《こおり》を取《と》り出《だ》す。／秋《あき》の高《こう》原《げん》で、天然の美《び》を味《あじ》わう。

意味 人手《ひとで》を加《くわ》えてつくり出《だ》すこと。人間《にんげん》の力《ちから》でつくること。

例 池《いけ》に人工の島《しま》をつくる。

知っとく 「自然《しぜん》」も「人工」の反対語《はんたいご》。

垂直《すいちょく》 ↔ 水平《すいへい》

意味 静《しず》かな水面《すいめん》のように平《たい》らな面《めん》や線《せん》に対《たい》して、直《ちょっ》角《かく》の向《む》きであること。

例 柱《はしら》を地面《じめん》に垂直に立《た》てる。

意味 静《しず》かな水面《すいめん》のように、かたむかず平《たい》らなようす。

例 旅客機《りょかっき》が高度《こうど》一万《いちまん》メートルで水平に飛行《ひこう》する。

退《しりぞ》く ↔ 進《すす》む

意味 ●後《うし》ろにさがる。遠《とお》ざかる。●ひきさがる。

例 三歩《さんぽ》ほど後ろへ退く。／予選《よせん》で負《ま》けて大会《たいかい》から退く。

意味 ●前《まえ》の方《ほう》へ行《い》く。●（仕事《しごと》などが）はかどる。

例 行列《ぎょうれつ》が少《すこ》しずつ進む。

知っとく 「はかどる」の意味《いみ》では「おくれる」が反対語《はんたいご》。

清潔《せいけつ》 ↔ 不潔《ふけつ》

意味 きれいで、さっぱりしていること。また、心《こころ》によごれがなく、行《おこな》いが正《ただ》しいこと。

例 いつも清潔な服《ふく》を着《き》る。

意味 よごれて、きたないこと。

例 不潔な手《て》で食《た》べ物《もの》をさわらないようにする。／そうじをしていないので、台所《だいどころ》が不潔だ。

成功《せいこう》 ↔ 失敗《しっぱい》

意味 思《おも》ったことや計画《けいかく》したことが、思《おも》いどおりにうまくいくこと。

例 ロケットの打《う》ち上《あ》げに成功する。／作戦《さくせん》が成功して試合《しあい》に勝《か》った。

意味 やりそこなうこと。しくじること。

例 初《はじ》めての料理《りょうり》は失敗に終《お》わった。／一度《いちど》失敗したからといって、あきらめてはいけない。

消費《しょうひ》 ↔ 生産《せいさん》

消費《しょうひ》

意味 お金《かね》・物《もの》・労力《ろうりょく》などを、使《つか》ってなくすこと。

例 機械《きかい》を動《うご》かすために多《おお》くの電力《でんりょく》を消費する。／近《きん》年《ねん》は、魚《さかな》よりも肉《にく》の消費が増《ふ》えている。

生産《せいさん》

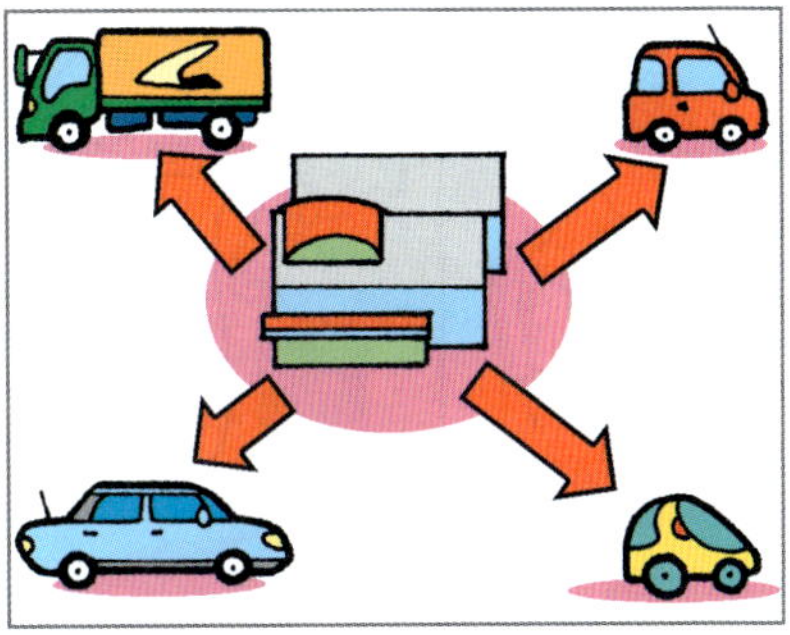

意味 人間《にんげん》の生活《せいかつ》に必要《ひつよう》な物《もの》をつくり出《だ》すこと。

例 くだいた木材《もくざい》から紙《かみ》を生産する。／工場《こうじょう》では、年間《ねんかん》約十万台《やくじゅうまんだい》の車《くるま》を生産する。

肉体《にくたい》 ↔ 精神《せいしん》

肉体《にくたい》

意味 人間《にんげん》の体《からだ》。身体《しんたい》。

例 たくましい肉体をほこる。／肉体と精神《せいしん》の両方《りょうほう》をきたえる。

精神《せいしん》

意味 人間《にんげん》の心《こころ》。たましい。

例 精神をきたえる。／精神的《てき》な苦《く》痛《つう》を味《あじ》わう。

消《しょう》極《きょく》 ↔ 積《せっ》極《きょく》

意味 （「的《てき》」などをつけて）自分《じぶん》から進《すす》んではものごとをしないようす。

例 消極的な態度《たいど》を改《あらた》める。／今度《こんど》の旅行《りょこう》に、両親《りょうしん》は消極的だ。

意味 （「的《てき》」などをつけて）進《すす》んでものごとをするようす。

例 学級会《がっきゅうかい》で積極的に発言《はつげん》する。／積極的にせめて横《よこ》づなをたおす。

相《そう》対《たい》 ↔ 絶《ぜっ》対《たい》

意味 （「的《てき》」をつけて）ほかのものごとと比《くら》べてみて、成《な》り立《た》つようす。

例 相対的にいえば、右《みぎ》から二《ふた》つめの作品《さくひん》がよくできている。

意味 比《くら》べるものやならぶものがないこと。

例 球《たま》の速《はや》さに絶対の自信《じしん》をもつ。

知っとく 「必《かなら》ず」「決《けっ》して」の意味《いみ》でも使《つか》う。

前《ぜん》者《しゃ》 ↔ 後《こう》者《しゃ》

意味 二《ふた》つのものごとをならべたり述《の》べたりしたうちの、初《はじ》めのほう。

例 二つの意見《いけん》のうち、わたしは前者に賛成《さんせい》だ。

意味 二《ふた》つのものごとをならべたり述《の》べたりしたうちの、あとのほう。

例 A《エー》案《あん》とB《ビー》案《あん》から、後者を選《えら》ぶ。

前《ぜん》進《しん》 ↔ 後《こう》退《たい》

意味 前《まえ》へ進《すす》むこと。

例 目的地《もくてきち》に向《む》かい前進する。／話《はな》し合《あ》いが前進した。

知っとく 後《うし》ろに進む意味《いみ》の「後進《こうしん》」も「前進」の反対語《はんたいご》。

意味 後《うし》ろへさがること。

例 車《くるま》を一《いち》メートルほど後退させる。／発展《はってん》の可能性《かのうせい》が後退してしまった。

平和《へいわ》 ↔ 戦争《せんそう》

平和《へいわ》

意味 争《あらそ》いがなく、世《よ》の中《なか》がおだやかにおさまっていること。

例 平和が続《つづ》くことを心《こころ》から願《ねが》う。／世界《せかい》の平和のために活動《かつどう》する。

戦争《せんそう》

意味 戦《たたか》うこと。特《とく》に、国《くに》と国とが武器《ぶき》を使《つか》って戦うこと。

例 地球上《ちきゅうじょう》から戦争をなくしたい。／戦争によって国《こく》土《ど》の半分《はんぶん》を失《うしな》う。

部分《ぶぶん》 ↔ 全体《ぜんたい》

部分《ぶぶん》

意味 全体《ぜんたい》を、まとまりのあるいくつかに分《わ》けたうちの一《ひと》つ。一部《いちぶ》。

例 文章《ぶんしょう》の終《お》わりの部分にまとめがある。／親指《おやゆび》の先《さき》の部分が痛《いた》い。

全体《ぜんたい》

意味 体《からだ》や、あるものごとの全部《ぜんぶ》。すべて。

例 文章《ぶんしょう》の全体を三《みっ》つの段落《だんらく》に分《わ》ける。／体全体に力《ちから》があふれている。

善人《ぜんにん》 ↔ 悪人《あくにん》

意味 心《こころ》やおこないのよい人《ひと》。

例 町《まち》の住人《じゅうにん》は、みな**善人**だ。／**善人**といわれている人でも、あやまちをおかすことがある。

意味 心《こころ》やおこないの悪《わる》い人《ひと》。悪者《わるもの》。

例 生《う》まれながらの**悪人**はいない。／正義《せいぎ》の味方《みかた》が**悪人**をこらしめるドラマを見《み》た。

増加《ぞうか》 ↔ 減少《げんしょう》

意味 数《かず》や量《りょう》が増《ふ》えること。また、増《ふ》やすこと。

例 部員《ぶいん》の数が前《ぜん》年《ねん》より**増加**する。／農産物《のうさんぶつ》の輸入《ゆにゅう》が**増加**する。

意味 減《へ》って少《すく》なくなること。また、減《へ》らして少なくすること。

例 村《むら》の人口《じんこう》が急《きゅう》激《げき》に**減少**する。

知っとく 「増大《ぞうだい》」も「減少」の反対語《はんたいご》。

子孫《しそん》 ↔ 祖先《そせん》

意味 ●家《いえ》の血筋《ちすじ》の最初《さいしょ》の人《ひと》。●今《いま》の家族《かぞく》より前《まえ》の代《だい》の人々《ひとびと》。

例 祖先の墓参《はかまい》りをする。

知っとく 「先祖《せんぞ》」とほぼ同《おな》じ意味《いみ》。

意味 ある人《ひと》を先《せん》祖《ぞ》として血筋《ちすじ》がつながっている人々《ひとびと》。子《こ》や孫《まご》。

例 子孫が栄《さか》えることをいのる。

知っとく 「先祖」も「子孫」の反対語《はんたいご》。

複雑《ふくざつ》 ↔ 単純《たんじゅん》

意味 しくみが簡《かん》単《たん》なこと。入《い》り組《く》んでいないこと。

例 単純な計算《けいさん》まちがいをしてしまった。／この人形《にんぎょう》が動《うご》くしくみは単純だ。

意味 いろいろな事《こと》がらがこみ入《い》っていること。

例 事件《じけん》の裏《うら》には複雑な事情《じじょう》がからんでいる。

知っとく 「簡単《かんたん》」も「複雑」の反対語《はんたいご》。

直《ちょく》接《せつ》 ⟷ 間《かん》接《せつ》

ありがとう！

意味 間《あいだ》にほかのものを置《お》かないで関係《かんけい》していること。

例 友達《ともだち》を通《つう》じて借《か》りた本《ほん》を、直接本の持《も》ち主《ぬし》に返《かえ》す。

これを田中《たなか》さんへ返《かえ》してね。
うん。

意味 間《あいだ》にほかのものを置《お》いて関係《かんけい》していること。

例 間接的《てき》に聞《き》いた話《はなし》を自分《じぶん》が見《み》たかのように話《はな》す。

登《とう》校《こう》 ⟷ 下《げ》校《こう》

意味 授業《じゅぎょう》を受《う》けるために学校《がっこう》へ行《い》くこと。

例 ねぼうしたので、大急《おおいそ》ぎで登校する。／家《いえ》から二《に》十分《じっぷん》歩《ある》いて登校する。

意味 授業《じゅぎょう》が終《お》わって学校《がっこう》から帰《かえ》ること。

例 下校の時刻《じこく》を知《し》らせる音楽《おんがく》が鳴《な》りひびく。／近所《きんじょ》の友達《ともだち》と連《つ》れ立《だ》って下校する。

当選《とうせん》 ↔ 落選《らくせん》

意味 選挙《せんきょ》で選《えら》ばれること。

例 おじが市議会《しぎかい》議員《ぎいん》の選挙で当選した。

知っとく 「くじに当《あ》たること」の意味《いみ》もある。

意味 選挙《せんきょ》やしん査《さ》で選《えら》ばれないこと。

例 委員長《いいんちょう》の選挙で落選した。

知っとく 「しん査」に関《かん》していう場合《ばあい》の反対語《はんたいご》は「入選《にゅうせん》」。

東洋《とうよう》 ↔ 西洋《せいよう》

意味 ●アジア。●アジアの東《ひがし》の地《ち》方《ほう》。日本《にっぽん》・中国《ちゅうごく》・フィリピン・インドなど。

例 東洋の民族《みんぞく》ぶようを研究《けんきゅう》する。

意味 （日本《にっぽん》から見《み》て）ヨーロッパやアメリカの国々《くにぐに》のこと。

例 学問《がくもん》、芸術《げいじゅつ》など、西洋の文化《ぶんか》を広《ひろ》く取《と》り入《い》れる。

苦手《にがて》 ↔ 得意《とくい》

苦手《にがて》

意味 自信《じしん》がなく、よくできないこと。

例 算数《さんすう》の応用問《おうようもん》題《だい》が苦手だ。／苦手のチームと対戦《たいせん》することになった。

知っとく 「得手《えて》」も「苦手」の反対語《はんたいご》。

得意《とくい》

意味 よくなれていて上手《じょうず》なこと。

例 ぼくは体育《たいいく》が得意だ。／母《はは》がお客《きゃく》さんを得意の料理《りょうり》でもてなす。

知っとく 「不得意《ふとくい》」も「得意」の反対語《はんたいご》。

模倣《も▼ほう》 ↔ 独創《どくそう》

模倣《も▼ほう》

意味 まねること。似《に》せること。

例 人《ひと》の作品《さくひん》を模倣してはいけない。／外国製品《がいこくせいひん》を模倣したにせものが出《で》回《まわ》っている。

独創《どくそう》

意味 人《ひと》のまねをしないで、自分《じぶん》の考《かんが》えで新《あたら》しいものをつくり出《だ》すこと。

例 独創にとんだ作品《さくひん》を数多《かずおお》く発表《はっぴょう》する。

▼普《ふ》通《つう》 ↔ 特《とく》別《べつ》

普通

意味 ●特《と》に変《か》わったところのないこと。●たいてい。

例 国語《こくご》の成績《せいせき》は良《よ》くも悪《わる》くもなく普通だ。／学校《がっこう》は普通、八時半《はちじはん》ごろに始《はじ》まる。

特別

意味 ほかのものとはちがって区別《くべつ》されるようす。

例 特別のメニューでお客様《きゃくさま》をもてなす。／今日《きょう》の暑《あつ》さは特別だ。

退《たい》院《いん》 ↔ 入《にゅう》院《いん》

退院

意味 病気《びょうき》やけがが治《なお》って病院《びょういん》を出《で》ること。

例 母《はは》は今週《こんしゅう》の土《ど》曜日《ようび》に退院する。／退院できると知《し》って、みなが喜《よろこ》ぶ。

入院

意味 病気《びょうき》やけがを治《なお》すために病院《びょういん》に入《はい》ること。

例 父《ちち》が骨折《こっせつ》して入院する。／入院している友達《ともだち》の見《み》まいに行《い》く。

卒業《そつぎょう》 ↔ 入学《にゅうがく》

卒業《そつぎょう》

意味 決《き》められた学課《がっか》をすべて学《まな》び終《お》えて、学校《がっこう》を出《で》ること。

例 兄《あに》が今年《ことし》、中《ちゅう》学校《がっこう》を卒業する。／卒業を記念《きねん》して文集《ぶんしゅう》を作《つく》る。

入学《にゅうがく》

意味 生徒《せいと》・学生《がくせい》として、学校《がっこう》に入《はい》ること。

例 弟《おとうと》は来年《らいねん》、小《しょう》学校《がっこう》に入学する。／中学生《ちゅうがくせい》になる姉《あね》は、入学の準備《じゅんび》にいそがしい。

退場《たいじょう》 ↔ 入場《にゅうじょう》

退場《たいじょう》

意味 会場《かいじょう》・競技《きょうぎ》場《じょう》・ぶたいなどから立《た》ち去《さ》ること。

例 しんぱんから退場を言《い》いわたされる。／おどりながら、ぶたいから退場する。

入場《にゅうじょう》

意味 会場《かいじょう》・式場《しきじょう》・競技場《きょうぎじょう》などに入《はい》ること。

例 花《はな》よめ・花《はな》むこの入場を、はく手《しゅ》でむかえる。／行進曲《こうしんきょく》に合《あ》わせて、選手《せんしゅ》が入場する。

不要《ふよう》 ↔ 必要《ひつよう》

必要《ひつよう》

意味 どうしてもいること。なくてはならないこと。

例 旅行《りょこう》に必要なものをそろえる。／成績《せいせき》を上《あ》げるためには、いっそうの努力《どりょく》が必要だ。

不要《ふよう》

意味 いらないこと。なくてもかまわないこと。

例 かさは不要なので持《も》たずに出《で》かける。／作《つく》り方《かた》は箱《はこ》に書《か》いてあるので、説明《せつめい》は不要だ。

▼肯定《こうてい》 ↔ 否定《ひてい》

否定《ひてい》

意味 そうではないと打《う》ち消《け》すこと。

例 チームが解散《かいさん》するといううわさを否定する。／不《ふ》正《せい》な行《おこな》いをした事《じ》実《じつ》はないと否定する。

肯定《こうてい》

意味 そのとおりであるとみとめること。

例 主役《しゅやく》をおりるといううわさを肯定する。／友達《ともだち》の言《い》うことは事実《じじつ》であると肯定する。

閉《と》じる ↔ 開《ひら》く

開《ひら》く

意味 ●あける。広《ひろ》げる。また、あく。広《ひろ》がる。●始《はじ》める。

例 窓《まど》を大《おお》きく開く。／桜《さくら》のつぼみが開く。／駅前《えきまえ》に新《あたら》しい店《みせ》を開く。

閉《と》じる

意味 ●しめる。ふさぐ。また、しまる。ふさがる。●終《お》わりにする。

例 居間《いま》のカーテンを閉じる。／目《め》を閉じる。／集会《しゅうかい》を閉じる。

減《へ》る ↔ 増《ふ》える

増《ふ》える

意味 数《かず》や量《りょう》が多《おお》くなる。

例 班《はん》の人数《にんずう》が増える。／大雨《おおあめ》で川《かわ》の水《みず》かさが増える。

知っとく 財産《ざいさん》がふえるときは「殖《ふ》える」と書《か》くことが多い。

減《へ》る

意味 数《かず》や量《りょう》が少《すく》なくなる。

例 少子化《しょうしか》で子供《こども》の数が減る。／いそがしくて、すいみん時間《じかん》が減る。

不便《ふべん》 ↔ 便利《べんり》

意味 つごうがよくないこと。自由《じゆう》がきかないこと。

例 おばさんの家《いえ》は駅《えき》から遠《とお》くて**不便**だ。／停電《ていでん》で、二日間《ふつかかん》も**不便**な生《せい》活《かつ》をした。

意味 つごうがよいこと。役《やく》に立《た》つこと。

例 近所《きんじょ》に商店街《しょうてんがい》があるので**便利**だ。／生活《せいかつ》に**便利**な道《どう》具《ぐ》を買《か》いそろえる。

革新《かくしん》 ↔ 保守《ほしゅ》

意味 今《いま》までのやり方《かた》や考《かんが》え方《かた》を変《か》えて、新《あたら》しくすること。

例 よい製品《せいひん》を作《つく》るため、技術《ぎじゅつ》の**革新**に力《ちから》を入《い》れる。

意味 今《いま》までの考《かんが》え方《かた》やり方《かた》を守《まも》って、変《か》えようとしないこと。

例 祖父《そふ》は何事《なにごと》に対《たい》しても、考え方が**保守**的《てき》だ。

攻《せ》める ↔ 守《まも》る

攻《せ》める

意味 戦《たたか》いをしかける。こうげきする。

例 逆転《ぎゃくてん》の勢《いきお》いに乗《の》って一気《いっき》に**攻める**。／空《そら》と陸《りく》の両《りょう》方《ほう》から**攻める**。

守《まも》る

意味 ほかから害《がい》を受《う》けないように防《ふせ》ぐ。

例 ゴールキーパーが必死《ひっし》でゴールを**守る**。／城《しろ》を**守る**兵士《へいし》が配置《はいち》につく。

輸出《ゆしゅつ》 ↔ 輸入《ゆにゅう》

輸出《ゆしゅつ》

意味 外国《がいこく》に品物《しなもの》や技術《ぎじゅつ》などを売《う》ること。

例 精密機械《せいみつきかい》や自《じ》動車《どうしゃ》を外国に**輸出**する。

知っとく 「輸出入《ゆしゅつにゅう》」は、「輸出と輸入」。

輸入《ゆにゅう》

意味 外国《がいこく》から品《しな》物《もの》や技術《ぎじゅつ》などを買《か》い入《い》れること。

例 エネルギー源《げん》としての石油《せきゆ》を**輸入**にたよる。／アメリカから小麦《こむぎ》を**輸入**する。

楽観《らっかん》 ⟷ 悲観《ひかん》

楽観《らっかん》

1 2 3 4 5 6 7 8 9 計
1 3 2 2 4 1 1 3
0 0 0 0 0 0 0 0
負《ま》けそうです！
まだまだこれから！

意味 うまくいくと考《かんが》えて、心配《しんぱい》しないこと。

例 争《あらそ》いは、じきにおさまると楽観している。／父《ちち》の病状《びょうじょう》は楽観できない。

悲観《ひかん》

テスト

意味 思《おも》うようにならなくて、希望《きぼう》を失《うしな》うこと。

例 兄《あに》は進級《しんきゅう》テストに落《お》ちて悲観している。／予選《よせん》に落ちて悲観する選手《せんしゅ》たちをはげます。

利益《りえき》 ⟷ 損失《そんしつ》

利益《りえき》

意味 得《とく》。もうけ。また、ためになること。

例 品物《しなもの》を売《う》って、一日《いちにち》に約五万円《やくごまんえん》の利益を得《え》る。／税金《ぜいきん》を国民《こくみん》の利益のために使《つか》う。

損失《そんしつ》

赤字《あかじ》
返品《へんぴん》

意味 そんをすること。大切《たいせつ》なものを失《うしな》うこと。

例 会社《かいしゃ》の年間《ねんかん》の損失が一億円《いちおくえん》に上《のぼ》る。／かれの退団《たいだん》は、チームにとって大《おお》きな損失だ。

現実《げんじつ》 ↔ 理想《りそう》

意味 実際《じっさい》に目《め》に見《み》えている、ありのままの姿《すがた》。

例 厳《きび》しい現実に負《ま》けないよう努力《どりょく》する。

知っとく 「空想《くうそう》」も「現実」の反対語《はんたいご》。

意味 もっともよいものとして考《かんが》え、追《お》い求《もと》めるもの。

例 家族《かぞく》がたがいに助《たす》け合《あ》い、尊重《そんちょう》し合《あ》って生《い》きるのが、わたしの理想の生活《せいかつ》だ。

実践《じっ▼せん》 ↔ 理論《りろん》

意味 考《かんが》えたことや言《い》ったことを実《じっ》際《さい》に行《おこな》うこと。

例 児童会《じどうかい》で決《き》めた美化運動《びかうんどう》を実践する。

意味 あるものごとについての筋道《すじみち》の通《とお》った考《かんが》え。

例 天体《てんたい》の動《うご》きに関《かん》する理論を発表《はっぴょう》する。

Q3

反対語《はんたいご》(対義語《たいぎご》)クイズ!

次《つぎ》の反対語カードを使《つか》って、反対語の正《ただ》しい組《く》み合《あ》わせを六組《ろっくみ》作《つく》り、下《した》の答《こた》えのらんに書《か》き入《い》れましょう。

下《さ》がる
減少《げんしょう》
不便《ふべん》
増加《ぞうか》
複雑《ふくざつ》
上《あ》がる
熱《あつ》い
失敗《しっぱい》
単純《たんじゅん》
成功《せいこう》
便利《べんり》
冷《つめ》たい

答《こた》えのらん

	⇔			⇔	
	⇔			⇔	
	⇔			⇔	

(答えの順序《じゅんじょ》は問《と》いません。)

【答え】上がる⇔下がる　熱い⇔冷たい　便利⇔不便　増加⇔減少　単純⇔複雑　成功⇔失敗

第《だい》4章《しょう》

読《よ》み方《かた》がちがうと意味《いみ》が変《か》わることば

読み方がちがうと意味が変わるって、どういうこと?

それなら今《いま》も使《つか》っていたでしょ。
いっそく
一足
ひとあし
じっぷん
十分
じゅうぶん
あっ、そうか。意外《いがい》とあるんだな。
よかった。間《ま》にあったわ！
でも人気《ひとけ》がないよ。
おかしいわね。人気《にんき》の歌手《かしゅ》なのに…？
あっしまった！
コンサートは明日《あす》だわ！
チケット

頭数

あたまかず

意味 人数《にんずう》。何《なに》かをするのに必要《ひつよう》な人《ひと》の数《かず》。**例** サッカーをするのに頭数《あたまかず》をそろえる。

とうすう

意味 一頭《いっとう》・二頭《にとう》…と数《かぞ》える（大《おお》きい）動物《どうぶつ》の数《かず》。**例** 牧場《ぼくじょう》の牛《うし》の頭数《とうすう》。

一時

いちじ

意味 あるとき。しばらく。時刻《じこく》。**例** 一時《いちじ》はどうなるかと思《おも》った。／午後《ごご》一時《いちじ》。

いっとき

意味 わずかな時間《じかん》。**例** あの人《ひと》のことは、一時《いっとき》も忘《わす》れたことがない。

ひととき

意味 しばらくの間《あいだ》。**例** 友達《ともだち》と楽《たの》しい一時《ひととき》を過《す》ごす。

市場

いちば

意味 食品《しょくひん》や日用品《にちようひん》を売《う》る店《みせ》が集《あつ》まっている所《ところ》。商人《しょうにん》が一定《いってい》の日《ひ》に売買《ばいばい》する所。**例** 魚《うお》市場《いちば》。

しじょう

意味 商品《しょうひん》の売買《ばいばい》・取《と》り引《ひ》きが行《おこな》われる所《ところ》。商品が出《で》回《まわ》るはんい。**例** 株式《かぶしき》市場《しじょう》。

一味

いちみ

意味 （悪《わる》いことをする）仲間《なかま》。例 どろぼうの一味《いちみ》がつかまる。

ひとあじ

意味 「一味《ひとあじ》ちがう」で、ほかとは少《すこ》しちがった味《あじ》わいがある。例 一味《ひとあじ》ちがう作品《さくひん》に注目《ちゅうもく》が集《あつ》まる。

一角

いっかく

意味 一《ひと》つの角《かど》。ある地域《ちいき》などの一部分《いちぶぶん》。例 住宅街《じゅうたくがい》の一角《いっかく》にあるレストラン。

ひとかど

意味 いちだんとすぐれていること。例 山田氏《やまだし》は一《ひと》角《かど》の人物《じんぶつ》だ。

一行

いっこう

意味 いっしょに行《い》くなかま。例 博物館見学《はくぶつかんけんがく》の一行《いっこう》が、とう着《ちゃく》する。

いちぎょう

意味 文字《もじ》などの、縦《たて》や横《よこ》のひとならび。例 文章《ぶんしょう》の一行《いちぎょう》めを読《よ》む。

一足

いっそく

意味 はきものの（左右《さゆう》）ひとそろい。**例** げんかんにくつが一足《いっそく》置《お》いてある。

ひとあし

意味 一歩《いっぽ》。わずかな時《じ》間《かん》・きょり。**例** かれは一《ひと》足《あし》先《さき》に帰《かえ》った。

一分

いっぷん

意味 一時間《いちじかん》の六十分《ろくじゅうぶん》の一《いち》。角度《かくど》で一度《いちど》の六十分の一。**例** 十時《じゅうじ》一分《いっぷん》発《はつ》の特急《とっきゅう》に乗《の》る。

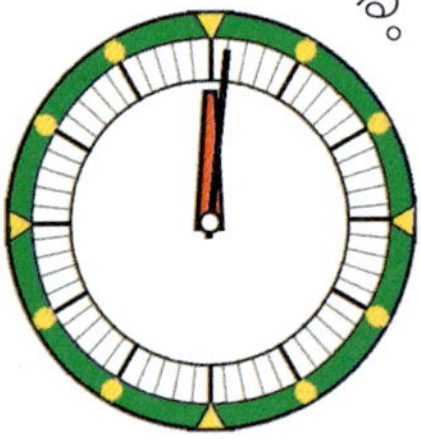

いちぶ

意味 ごくわずか。**例** 一《いち》分《ぶ》のすきもないかまえで、相手《あいて》に対《たい》する。

一方

いっぽう

意味 ある方向《ほうこう》。二《ふた》つのうちの一《ひと》つ。…するばかり。**例** 一方通行《いっぽうつうこう》。／雨《あめ》は強《つよ》まる一方《いっぽう》だ。

ひとかた

意味 「一方《ひとかた》ならぬ」で、ふつう以上《いじょう》の。**例** 一方《ひとかた》ならぬお世話《せわ》になった。

色紙

いろがみ

意味 いろいろな色《いろ》にそめた紙《かみ》。

例 色紙《いろがみ》でかざりを作《つく》る。／色紙《いろがみ》でつるを折《お》る。

しきし

意味 俳句《はいく》や歌《うた》などを書《か》く、四角《しかく》い、厚手《あつで》の紙《かみ》。

例 色紙《しきし》に寄《よ》せ書《が》きをする。

上手

うわて

意味 人《ひと》よりすぐれていること。

例 スキーでは、かれのほうが上手《うわて》だ。

かみて

意味 川《かわ》の上流《じょうりゅう》の方《ほう》。ぶたいの、客席《きゃくせき》から見《み》て右《みぎ》の方《ほう》。

例 上手《かみて》から主役《しゅやく》が登場《とうじょう》する。

じょうず★

意味 うまいこと。

例 妹《いもうと》はピアノを上手《じょうず》にひく。

大勢

おおぜい

意味 たくさんの人《ひと》。

例 コンサートに大勢《おおぜい》の客《きゃく》が集《あつ》まる。

たいせい

意味 ものごとや世《よ》の中《なか》の、だいたいのようす・なりゆき。

例 開始後《かいしご》二十分《にじっぷん》で、試合《しあい》の大勢《たいせい》は決《き》まった。

大手

おおて

意味 同《おな》じ種類《しゅるい》の仕事《しごと》をしている会社《かいしゃ》の中《なか》で、特《とく》に大《おお》きな会社。

例 大手《おおて》スーパーが新《あたら》しく開店《かいてん》する。

おおで

意味 大《おお》きく広《ひろ》げた両手《りょうて》。「大手《おおで》をふる」で、堂々《どうどう》とふるまうようす。

例 大手《おおで》をふって歩《ある》く。

大家

おおや

意味 貸家《かしや》やアパートの持《も》ち主《ぬし》。

例 大家《おおや》さんにアパート代《だい》をはらう。

たいか

意味 学問《がくもん》や芸術《げいじゅつ》などで特《とく》にすぐれた能力《のうりょく》をもつ人《ひと》。

例 日本画《にほんが》の大家《たいか》。

風車

かざぐるま

意味 風《かぜ》が当《あ》たると羽根《はね》が回《まわ》るようにしたおもちゃ。

例 風車《かざぐるま》がくるくる回る。

ふうしゃ

意味 風《かぜ》の力《ちから》で回《まわ》す羽根《はね》車《ぐるま》。

例 オランダの風車《ふうしゃ》の写真《しゃしん》を見《み》た。

知っとく 粉《こな》をひいたり水《みず》をくんだりするのに使《つか》う。

月日

がっぴ

意味 何《なに》かに記入《きにゅう》するときの、日《ひ》づけとしての月《つき》と日《ひ》。**例** 申《もう》しこみの年月日《ねんがっぴ》を書《か》く。

つきひ

意味 時間《じかん》。年月《ねんげつ》。**例** 月《つき》日《ひ》のたつのは早《はや》いもので、もう卒業《そつぎょう》をむかえる。

仮名

かな★

意味 漢字《かんじ》から作《つく》った、一《いち》字《じ》で一音《いちおん》を表《あらわ》す文字《もじ》。平仮《ひらが》名《な》と片仮名《かたかな》。**例** 漢字《かんじ》仮名《かな》交《ま》じり文《ぶん》。

以呂波 → いろは

かめい

意味 本当《ほんとう》のものではない一時的《いちじてき》につけた名前《なまえ》。**例** 仮名《かめい》を使《つか》って投書《とうしょ》する。

気骨

きこつ

意味 正《ただ》しいと信《しん》じることを守《まも》りとおそうとする、強《つよ》い心《こころ》。**例** 気骨《きこつ》のある人《ひと》。

きぼね

意味 心配《しんぱい》。気《き》づかい。「気骨《きぼね》が折《お》れる」で気《き》づかれする。**例** お客様《きゃくさま》の応対《おうたい》で気骨《きぼね》が折れる。

気色

きしょく

意味 気持《きも》ちが表《あらわ》れた顔《かお》つき。気分《きぶん》。

例 気色《きしょく》が悪《わる》い。

けしき

意味 そぶり。「気色《けしき》ばむ」で、いかりを顔《かお》に表《あらわ》す。

例 気色《けしき》ばんで相手《あいて》につめよる。

金星

きんせい

意味 水星《すいせい》の次《つぎ》に太陽《たいよう》に近《ちか》い所《ところ》を回《まわ》るわく星《せい》。

例 夕《ゆう》方《がた》、西《にし》の空《そら》に金星《きんせい》を見《み》つける。

きんぼし

意味 すもうで、平幕《ひらまく》の力士《りき し》が横《よこ》づなに勝《か》つこと。大《おお》てがら。

例 金星《きんぼし》をあげる。

工夫

くふう

意味 いろいろよい方法《ほうほう》を考《かんが》えることや、その方法。

例 工夫《くふう》をこらしたかざりつけ。

こうふ

意味 土木工事《どぼくこうじ》などで働《はたら》く労働者《ろうどうしゃ》。

例 昔《むかし》の工夫《こうふ》たちのようすをえがいた映画《えいが》。

見物

けんぶつ

意味 楽《たの》しみのために景色《けしき》やしばいなどを見《み》ること。

例 祖母《そぼ》と祭《まつ》り見物《けんぶつ》に出《で》かけた。

みもの

意味 見《み》る値《ね》打《う》ちのあるもの。

例 明日《あす》の決勝戦《けっしょうせん》は見《み》物《もの》だ。

後生

こうせい

意味 あとから生《う》まれてくる人《ひと》。

例 後生《こうせい》おそるべし。

ごしょう

意味 仏教《ぶっきょう》で、死後《しご》生《う》まれ変《か》わっていく世界《せかい》。人《ひと》にたのむとき使《つか》う語《ご》。

例 後生《ごしょう》だからやめて。

細々

こまごま

意味 細《こま》かいようす。くわしいようす。

例 細々《こまごま》した物《もの》を引《ひ》き出《だ》しに整理《せいり》して入《い》れる。

ほそぼそ

意味 とても細《ほそ》いようす。何《なん》とか続《つづ》けているようす。

例 細々《ほそぼそ》と酒店《さけてん》を営《いとな》む。

根本

こんぽん

意味 ものごとのいちばんもとになるもの。例 計画《けいかく》を根本《こんぽん》から見直《みなお》す。

ねもと

意味 草《くさ》や木《き》の下《した》の方《ほう》の部分《ぶぶん》。例 大《おお》きな木の根本《ねもと》にすわる。

寒気

さむけ

意味 体《からだ》にぞくぞくと感《かん》じる、いやなさむさ。例 寒気《さむけ》がするので、早《はや》くねた。

かんき

意味 さむさ。例 寒気《かんき》が身《み》にしみ、背中《せなか》を丸《まる》める。

下手

したて

意味 自分《じぶん》を低《ひく》めて相手《あいて》をうやまう態度《たいど》。例 下手《したて》に出《で》て相手の反応《はんのう》をうかがう。

しもて

意味 川《かわ》の下流《かりゅう》の方《ほう》。ぶたいの、客席《きゃくせき》から見《み》て左《ひだり》の方。例 下手《しもて》から悪役《あくやく》が現《あらわ》れる。

へた★

意味 うまくないこと。例 ぼくは、人前《ひとまえ》で話《はな》すのが下手《へた》だ。

十分

じっぷん

意味 一分《いっぷん》の十倍《じゅうばい》の時間《じかん》。

例 三時《さんじ》十分《じっぷん》前《まえ》。／十分《じっぷん》後《ご》に出発《しゅっぱつ》する予定《よてい》だ。

じゅうぶん

意味 みちたりていて、不《ふ》足《そく》・不満《ふまん》がないようす。

例 すいみんを十分《じゅうぶん》にとる。

地味

じみ

意味 目《め》だたないようす。

例 地味《じみ》な色《いろ》のコートを着《き》る。

ちみ

意味 作物《さくもつ》をつくる土地《とち》の性質《せいしつ》のよしあし。

例 この辺《あた》りの畑《はたけ》は地味《ちみ》がこえている。

出店

しゅってん

意味 店《みせ》を出《だ》すこと。

例 工場《こうじょう》のあと地《ち》に大型《おおがた》スーパーが出店《しゅってん》する。

でみせ

意味 本店《ほんてん》から分《わ》かれて出《だ》す小《ちい》さな店《みせ》。道《みち》ばたに出《だ》した店。

例 広場《ひろば》に出店《でみせ》がならぶ。

小節

しょうせつ

意味 楽《がく》ふで、縦《たて》の線《せん》で区《く》切《ぎ》られた、ひと区切り。

例 五小節《ごしょうせつ》めまで練習《れんしゅう》する。

こぶし

意味 民《みん》ようや演歌《えんか》で、ふ面《めん》に表《あらわ》せない、びみょうな節回《ふしまわ》し。

例 小節《こぶし》をきかせて歌《うた》う。

初日

しょにち

意味 もよおしなどを始《はじ》める、最初《さいしょ》の日《ひ》。

例 大《おお》ずもうの初日《しょにち》。／夏休《なつやす》みの初日《しょにち》。

はつひ

意味 一月一日《いちがつついたち》の朝《あさ》の太《たい》陽《よう》。初日《はつひ》の出《で》。

例 海岸《かいがん》で初日《はつひ》をおがむ。

人事

じんじ

意味 会社《かいしゃ》・役所《やくしょ》で働《はたら》く人《ひと》の役目《やくめ》・身分《みぶん》に関《かん》すること。

例 人事《じんじ》を一新《いっしん》する。

ひとごと

意味 自分《じぶん》には関係《かんけい》のない、ほかの人《ひと》のこと。

例 人事《ひとごと》のようにふるまう。

身上

しんじょう

意味 その人《ひと》についての事《こと》がら。よいところ。**例** 身《しん》上《じょう》を調《ちょう》査《さ》する。

しんしょう◆

意味 財《ざい》産《さん》。生《せい》活《かつ》のためのたくわえ。**例** 身上《しんしょう》をきずく。

深々

しんしん

意味 静《しず》かに夜《よ》がふけるようす。寒《さむ》さが身《み》にしみるようす。**例** 深々《しんしん》と冷《ひ》えこむ。

ふかぶか

意味 とても深《ふか》いようす。**例** 深々《ふかぶか》とおじぎをする。／深々《ふかぶか》といすにすわる。

生地

せいち

意味 その人《ひと》がうまれた土《と》地《ち》。**例** 祖《そ》父《ふ》の生地《せいち》は秋《あき》田《た》県《けん》だ。

きじ◆

意味 自《し》然《ぜん》のままの性《せい》質《しつ》。衣《い》服《ふく》の材《ざい》料《りょう》となる布《ぬの》。粉《こな》などをまぜた（パンなどの）材料。**例** 上《じょう》等《とう》な生地《きじ》のスーツを買《か》う。

生物

せいぶつ

意味 いきもの。動物《どうぶつ》や植物《しょくぶつ》。**例** 海《うみ》の生物《せいぶつ》について調《しら》べる。

なまもの

意味 にたり、焼《や》いたり、ほしたりしていない食《た》べ物《もの》。**例** 夏《なつ》は生物《なまもの》がいたみやすい。

造作

ぞうさ

意味 手間《てま》のかかること。めんどう。**例** この程度《ていど》の修理《しゅうり》なら造作《ぞうさ》なくできる。

ぞうさく

意味 建物《たてもの》などの仕上《しあ》げぐあい。顔《かお》だち。**例** この家《いえ》は造作《ぞうさく》がよい。

大事

だいじ

意味 重要《じゅうよう》な事《こと》がら。注意《ちゅうい》深《ぶか》いようす。**例** 大事《だいじ》な点《てん》を調《しら》べる。／大事《だいじ》にしまう。

おおごと

意味 重大《じゅうだい》なできごと。**例** 大事《おおごと》にならずにすんで、よかった。

何人

なんにん

意味 人《ひと》の数《かず》がはっきりしないときに使《つか》うことば。

例 部員《ぶいん》は何人《なんにん》ですか。

なんぴと

意味 どんな人《ひと》。

例 危険《きけん》なので、何人《なんぴと》たりとも中《なか》に入《はい》ることを禁《きん》ずる。

何分

なんぷん

意味 時間《じかん》・時刻《じこく》がはっきりしないことを表《あらわ》すことば。

例 何分《なんぷん》かちこくする。

なにぶん

意味 どうぞ。なんといっても。いくらか。

例 何分《なにぶん》よろしくお願《ねが》いします。

人気

にんき

意味 世《よ》の人々《ひとびと》から好《この》ましいと支持《しじ》されること。

例 このまんがは人気《にんき》がある。

ひとけ

意味 人がいるようす。人のいそうな気配《けはい》。

例 人気《ひとけ》のない通《とお》りを歩《ある》く。

人形

にんぎょう

意味 人《ひと》の形《かたち》に似《に》せてつくったかざりものやおもちゃ。

例 たなに人形《にんぎょう》をかざる。

ひとがた

意味 おはらいなどに使《つか》う、人《ひと》の形《かたち》に切《き》りぬいたもの。

例 人形《ひとがた》に名前《なまえ》を書《か》く。

半身

はんしん

意味 体《からだ》の半分《はんぶん》。

例 下半《かはん》身《しん》だけ、湯船《ゆぶね》につかる。／ベッドから半身《はんしん》を起《お》こす。

はんみ

意味 体《からだ》をななめにして相手《あいて》に向《む》かう姿勢《しせい》。ひらいた魚《さかな》の身《み》の半分《はんぶん》。

例 半身《はんみ》に構《かま》える。

半月

はんつき

意味 一《いっ》か月《げつ》の半分《はんぶん》。

例 夏休《なつやす》みも、あと半月《はんつき》ほどになった。

はんげつ

意味 半分《はんぶん》欠《か》けて見《み》える月《つき》。

例 空《そら》に半月《はんげつ》が見《み》えている。

一目

ひとめ

意味 一度《いちど》ちょっと見《み》ること。一度に全体《ぜんたい》を見《み》わたすこと。例 一目《ひとめ》会《あ》いたい。

いちもく

意味 ごはんの一《ひと》つの目《め》。＊「ちょっと見《み》る」意味《いみ》でも使《つか》う。例 相手《あいて》に一目《いちもく》置《お》く（相手がすぐれているとみとめる意味の慣用句《かんようく》）。

分別

ぶんべつ

意味 種類《しゅるい》によって分《わ》けること。例 燃《も》えるごみと燃えないごみに分別《ぶんべつ》する。

ふんべつ

意味 ものごとのよしあしを見分《みわ》けること。例 分別《ふんべつ》のある態度《たいど》をとる。

方々

ほうぼう

意味 あちらこちら。いろいろな所《ところ》。例 日本《にっぽん》の方々《ほうぼう》を旅《たび》してみたい。

かたがた

意味 「人々《ひとびと》」をうやまっていう言《い》い方《かた》。例 お集《あつ》まりの方々《かたがた》にお知《し》らせします。

細目

ほそめ

意味 ほそく開《あ》けた目《め》。

例 砂《すな》が飛《と》ぶので、細目《ほそめ》を開けて辺《あた》りを見《み》た。

さいもく

意味 細《こま》かい点《てん》について決《き》めてあるこう目《もく》。

例 新《あたら》しい規則《きそく》の細目《さいもく》を検討《けんとう》する。

末期

まっき

意味 終《お》わりの時期《じき》。

例 江戸時代《えどじだい》の末期《まっき》に、日本《にっぽん》は開国《かいこく》した。

まつご◆

意味 死《し》のまぎわ。

例 祖《そ》母《ぼ》の末期《まつご》をみとる。

名代

みょうだい

意味 ある人《ひと》の代理《だいり》をつとめること。

例 祖父《そふ》の名代《みょうだい》として父《ちち》が式典《しきてん》に出席《しゅっせき》する。

なだい

意味 その名《な》がよく知《し》られていること。

例 旅先《たびさき》で名代《なだい》のまんじゅうを買《か》う。

目下

めした

意味 自分《じぶん》よりも年令《ねんれい》や地《ち》位《い》などが下《した》であること。

例 目下《めした》の人《ひと》からしたわれる。

もっか

意味 ただいま。今《いま》のところ。

例 弟《おとうと》は目下《もっか》サッカーに夢中《むちゅう》だ。

利益

りえき

意味 もうけ。役《やく》に立《た》つこと。

例 会社《かいしゃ》の利益《りえき》が上《あ》がる。／公共《こうきょう》の利益《りえき》をはかる。

りやく◆

意味 神《かみ》や仏《ほとけ》がさずけるめぐみ。

例 ご利益《りやく》を願《ねが》って神様《かみさま》をおがむ。

Q4 読《よ》み方《かた》がちがうと意味《いみ》が変《か》わることばクイズ！

次《つぎ》の絵《え》を見《み》て、当《あ》てはまる読みをそれぞれのア、イから選《えら》んで、記号《きごう》で答《こた》えましょう。
また、その意味を下《した》のa～dから選んで、記号で答えましょう。

① 一足

ア. ひとあし　イ. いっそく

読《よ》み［　　］　意《い》味《み》［　　］

② 初日

ア. はつひ　イ. しょにち

読《よ》み［　　］　意《い》味《み》［　　］

③ 風車

ア. ふうしゃ　イ. かざぐるま

読《よ》み［　　］　意《い》味《み》［　　］

④ 深々

ア. しんしん　イ. ふかぶか

読《よ》み［　　］　意《い》味《み》［　　］

a：風《かぜ》の力《ちから》で回《まわ》す羽《は》根車《ねぐるま》。
b：とても深《ふか》いようす。
c：一月一日《いちがつついたち》の朝《あさ》の太陽《たいよう》。
d：はきものの（左右《さゆう》）ひとそろい。

【答え】①イ・d　②ア・c　③ア・a　④イ・b

おさらいテスト

今《いま》まで学《まな》んできたことをもとに、おさらいのテストをしてみましょう。
（答《こた》えは255ページ）

1

次《つぎ》の文《ぶん》の——線《せん》部《ぶ》に当《あ》てはまることばを〔　〕から選《えら》んで、記号《きごう》で答《こた》えましょう。

【1】①友達《ともだち》のイガイな一面《いちめん》を見《み》た。（　）
②関係者《かんけいしゃ》イガイ立《た》ち入《い》り禁止《きんし》だ。（　）
〔ア 以外　イ 意外〕

【2】①かみを短《みじか》くして気分《きぶん》をイッシンする。（　）
②祖母《そぼ》の病気《びょうき》回復《かいふく》をイッシンにいのる。（　）
③リーダーとして責任《せきにん》をイッシンに受《う》ける。（　）
〔ア 一身　イ 一心　ウ 一新〕

【3】①スーパーがはげしい売《う》り上《あ》げキョウソウをしている。（　）
②友達と百《ひゃく》メートルのキョウソウをした。（　）
〔ア 競争　イ 競走〕

【4】①左右《さゆう》がタイショウの図形《ずけい》。（　）
②小学生《しょうがくせい》をタイショウとしたスポーツ教室《きょうしつ》に行《い》く。（　）
③あの兄弟《きょうだい》は性格《せいかく》がタイショウ的《てき》だ。（　）
〔ア 対象　イ 対照　ウ 対称〕

2

次《つぎ》の文《ぶん》の——線《せん》部《ぶ》に当《あ》てはまることばを〔　〕から選《えら》んで、記号《きごう》で答《こた》えましょう。

【1】ぼくは泳《およ》ぎにはジシンがある。（　）
〔ア 自信　イ 自身〕

【2】先生《せんせい》が、転校生《てんこうせい》をショウカイする。（　）
〔ア 紹介　イ 照会〕

【3】世界的《せかいてき》にイジョウ気象《きしょう》が続《つづ》いている。（　）
〔ア 異状　イ 異常〕

【4】課題《かだい》の工作《こうさく》はカイシンのできばえだ。（　）
〔ア 改心　イ 会心〕

【5】インターネットで世界へ情報《じょうほう》をハッシンする。（　）
〔ア 発信　イ 発進〕

おさらいテスト

3 次《つぎ》の文《ぶん》の——線部《せんぶ》に当《あ》てはまることばを〔　〕から選《えら》んで、記号《きごう》で答《こた》えましょう。

【1】①月曜日《げつようび》におばさんとアウことにした。(　　)
②友達《ともだち》と意見《いけん》がアウ。(　　)
③学校《がっこう》の帰《かえ》りに、にわか雨《あめ》にアウ。(　　)
〔ア 合う　イ 遭う　ウ 会う〕

【2】①カーテンをアケル。(　　)
②夜《よる》がしらじらとアケル。(　　)
③買《か》い物《もの》で一日中《いちにちじゅう》、家《いえ》をアケル。(　　)
〔ア 明ける　イ 空ける　ウ 開ける〕

【3】①お茶《ちゃ》がサメル。(　　)
②ねむりからサメル。(　　)
〔ア 冷める　イ 覚める〕

【4】①おじさんが社長《しゃちょう》の地位《ちい》にツク。(　　)
②かべに傷《きず》がツク。(　　)
③時間《じかん》どおりに目的地《もくてきち》にツク。(　　)
〔ア 付く　イ 着く　ウ 就く〕

4 次《つぎ》の各文《かくぶん》の——線部《せんぶ》に当《あ》てはまる漢字《かんじ》を書《か》きましょう。

【1】①時計《とけい》をナオす。(　　)
②よくねてかぜをナオす。(　　)

【2】①強《つよ》い光《ひかり》がサす。(　　)
②磁石《じしゃく》の針《はり》が南《みなみ》をサす。(　　)

【3】①紙《かみ》を四角《しかく》にオる。(　　)
②布《ぬの》をオる機械《きかい》について調《しら》べる。(　　)

【4】①風景写真《ふうけいしゃしん》をウツす。(　　)
②鏡《かがみ》に自分《じぶん》の姿《すがた》をウツす。(　　)

【5】①むずかしい問題《もんだい》をトく。(　　)
②学者《がくしゃ》が環境問題《かんきょうもんだい》についてトく。(　　)

【6】①服《ふく》がヤブれる。(　　)
②試合《しあい》にヤブれる。(　　)

5 次《つぎ》の同音異義語《どうおんいぎご》・同訓異字《どうくんいじ》の意味《いみ》を、それぞれ左《ひだり》のア〜コから選《えら》んで、記号《きごう》で答《こた》えましょう。

【1】暖《あたた》かい —（　　）
温《あたた》かい —（　　）

【2】想像《そうぞう》 —（　　）
創造《そうぞう》 —（　　）

【3】好評《こうひょう》 —（　　）
講評《こうひょう》 —（　　）

【4】共同《きょうどう》 —（　　）
協同《きょうどう》 —（　　）

【5】立《た》つ —（　　）
建《た》つ —（　　）

ア 建物《たてもの》がつくられる。
イ 理由《りゆう》をあげて説明《せつめい》し、批評《ひひょう》すること。
ウ 二人以上《ふたりいじょう》の人《ひと》が、助《たす》け合《あ》って一《ひと》つの仕事《しごと》をすること。
エ 気候《きこう》や温度《おんど》が、暑《あつ》くも寒《さむ》くもなくちょうどよいようす。
オ 物《もの》の温度が、熱《あつ》くも冷《つめ》たくもなくちょうどよいようす。
カ 二人以上の人が、一つのものをいっしょに利用《りよう》すること。
キ 実際《じっさい》にないものや経験《けいけん》していないことを、あれこれと思《おも》いうかべること。
ク すわったり横《よこ》になったりしていたものが、おきあがる。
ケ よい評判《ひょうばん》。
コ 今《いま》までにないものを、新《あたら》しくつくりだすこと。

6 次《つぎ》の【1】〜【4】のかたかなの読《よ》み方《かた》をする漢字《かんじ》を、それぞれの文《ぶん》の意味《いみ》に合《あ》うように（　）に書《か》きましょう。

【1】イシ
① 山田《やまだ》くんはとても（　　）が強《つよ》い。
② 田中《たなか》くんは反対《はんたい》の（　　）を示《しめ》した。
③ なくなった父《ちち》の（　　）をついで医者《いしゃ》をめざす。

【2】カンシン
① 木村《きむら》くんのりっぱな行動《こうどう》には（　　）した。
② あの人《ひと》は人の（　　）を買《か》おうとしているのがみえみえだ。
③ こん虫《ちゅう》の生態《せいたい》に（　　）がある。

【3】サイゴ
① いちばん（　　）に名前《なまえ》を呼《よ》ばれた。
② 祖母《そぼ》の（　　）をみとる。

【4】ホケン
① 母《はは》は（　　）会社《がいしゃ》に勤《つと》めている。
② 具合《ぐあい》が悪《わる》いので（　　）室《しつ》で休《やす》んだ。

1

赤字《あかじ》の部分《ぶぶん》のことばの使《つか》い方《かた》が正《ただ》しいものには○、正しくないものには×をつけましょう。

【1】①物語《ものがたり》は意外《いがい》な結末《けつまつ》だった。（　）
②物語は案外《あんがい》な結末だった。（　）

【2】①食生活《しょくせいかつ》を改良《かいりょう》する。（　）
②食生活を改善《かいぜん》する。（　）

【3】①事態《じたい》は解決《かいけつ》の方向《ほうこう》に向《む》かいつつある。（　）
②事態は解決の方角《ほうがく》に向かいつつある。（　）

【4】①これは、ぼくの苦心《くしん》の作《さく》だ。（　）
②これは、ぼくの苦労《くろう》の作だ。（　）

【5】①パンの原料《げんりょう》は小麦粉《こむぎこ》だ。（　）
②パンの材料《ざいりょう》は小麦粉だ。（　）

2

次《つぎ》の【1】～【8】の類義語《るいぎご》にあたることばを〔　〕から選《えら》んで、記号《きごう》で答《こた》えましょう。

【1】永遠《えいえん》〔ア 永久《えいきゅう》　イ 遠大《えんだい》〕（　）

【2】衣服《いふく》〔ア 衣食《いしょく》　イ 衣類《いるい》〕（　）

【3】心配《しんぱい》〔ア 不安《ふあん》　イ 不信《ふしん》〕（　）

【4】短所《たんしょ》〔ア 弱点《じゃくてん》　イ 短気《たんき》〕（　）

【5】公平《こうへい》〔ア 平等《びょうどう》　イ 公共《こうきょう》〕（　）

【6】天気《てんき》〔ア 天然《てんねん》　イ 天候《てんこう》〕（　）

【7】返事《へんじ》〔ア 返済《へんさい》　イ 応答《おうとう》〕（　）

【8】将来《しょうらい》〔ア 未来《みらい》　イ 未知《みち》〕（　）

3

次《つぎ》の【1】～【4】のことばには二通《ふたとお》りの読《よ》み方《かた》があります。それぞれの読み方の意味《いみ》をあとのア～クから選《えら》んで、記号《きごう》で答《こた》えましょう。

【1】市場　いちば（　）
しじょう（　）

【2】大勢　おおぜい（　）
たいせい（　）

【3】月日　がっぴ（　）
つきひ（　）

【4】見物　けんぶつ（　）
みもの（　）

ア 時間《じかん》・年月《ねんげつ》。　イ 見《み》る値打《ねう》ちのあるもの。
ウ たくさんの人《ひと》。　エ 商品《しょうひん》の売買《ばいばい》・取《と》り引《ひ》きが行《おこな》われる所《ところ》。
オ 日《ひ》づけとしての月《つき》と日《ひ》。
カ 食品《しょくひん》・日用品《にちようひん》を売《う》る店《みせ》が集《あつ》まっている所《ところ》。
キ ものごとや世《よ》の中《なか》の、だいたいのようす。
ク 楽《たの》しみのために景色《けしき》やしばいなどを見ること。

1

次《つぎ》の反対語《はんたいご》（対義語《たいぎご》）の組《く》み合《あ》わせが正《ただ》しいものには○、正しくないものには×をつけて、赤字《あかじ》の部分《ぶぶん》を正しい反対語に書《か》き直《なお》しましょう。

【1】開《ひら》く ⇕ 閉《と》じる（　・　）

【2】明《あか》るい ⇕ 暗《くら》い（　・　）

【3】移動《いどう》 ⇕ 静止《せいし》（　・　）

【4】利益《りえき》 ⇕ 需要《じゅよう》（　・　）

【5】生産《せいさん》 ⇕ 消費《しょうひ》（　・　）

【6】拡大《かくだい》 ⇕ 短縮《たんしゅく》（　・　）

【7】積極《せっきょく》 ⇕ 消極《しょうきょく》（　・　）

【8】原因《げんいん》 ⇕ 理由《りゆう》（　・　）

2

次《つぎ》の【1】～【10】のことばの反対語《はんたいご》（対義語《たいぎご》）にあたることばを（　）に書《か》きましょう。

【1】安全《あんぜん》 ⇕（　）

【2】許可《きょか》 ⇕（　）

【3】勝利《しょうり》 ⇕（　）

【4】温暖《おんだん》 ⇕（　）

【5】人工《じんこう》 ⇕（　）

【6】直接《ちょくせつ》 ⇕（　）

【7】過去《かこ》 ⇕（　）

【8】輸入《ゆにゅう》 ⇕（　）

【9】起点《きてん》 ⇕（　）

【10】共同《きょうどう》 ⇕（　）

3

次《つぎ》の【1】～【3】のことばには、それぞれ二《ふた》つの読《よ》みがあります。①と②の意味《いみ》に合《あ》う読みをア～カから選《えら》んで、記号《きごう》で答《こた》えましょう。

【1】気色

①気持《きも》ちが表《あらわ》れた顔《かお》つき。（　）

②そぶり。（　）

【2】造作

①手間《てま》のかかること。めんどう。（　）

②建物《たてもの》などの仕上《しあ》げぐあい。顔《かお》だち。（　）

【3】分別

①種類《しゅるい》によって分《わ》けること。（　）

②ものごとのよしあしを見分《みわ》けること。（　）

ア ぞうさ	イ ぶんべつ	ウ けしき
エ ふんべつ	オ ぞうさく	カ きしょく

同《どう》音異義語《おんいぎご》 同《どう》訓異字《くんいじ》 さくいん

あ行

あう 会う・合う・遭う……10
あける 明ける・空ける・開ける……11
あげる 上げる・挙げる・揚げる……12
あたたかい 暖かい・温かい……13
あつい 厚い・暑い・熱い……14
あやまる 誤る・謝る……15
あらわす 表す・現す・著す……16
いがい 以外・意外……17
いぎ 異議・異義・意義……18
いし 意志・意思・遺志……19
いじょう 異常・異状……20
いたむ 痛む・傷む……21
いっしん 一心・一身・一新……22
いどう 異同・異動・移動……23
うつ 打つ・討つ・撃つ……24
うつす 写す・映す……25
おう 追う・負う……26
おこす 起こす・興す……27
おさめる 収める・納める
治める・修める……28
おりる 下りる・降りる……29
おる 折る・織る……30

か行

かいしん 会心・改心……31
かいとう 回答・解答……32
かいほう 開放・解放……33
かえる① 帰る・返る……34
かえる② 代える・変える
換える・替える……35
かせつ 仮説・仮設・架設……36
かてい 過程・課程……37
かねつ 加熱・過熱……38
かわ 皮・革……39
かんしん 感心・関心・歓心……40
きかい 器械・機械……41
きかん 気管・器官……42
きく 効く・利く……43
きげん 紀元・起源……44
きてん 起点・基点……45
きょうそう 競走・競争……46
きょうちょう 強調・協調……47
きょうどう 共同・協同……48
きょくち 局地・極地・極致……49
ぐんしゅう 群集・群衆……50
けいせい 形成・形勢……51
げんけい 原形・原型……52
けんとう 見当・検討……53
こうい 好意・厚意……54
こうえん 公演・講演……55
こうせい 公正・厚生・更生……56
こうてい 工程・行程……57
こうひょう 好評・講評……58

さ行

さいけつ 採決・裁決……59
さいご 最後・最期……60
さす 指す・差す……61
さめる 冷める・覚める……62
しじ 支持・指示・師事……63
じしん 自信・自身……64
じてん 字典・辞典・事典……65
しめい 指名・使命……66
しゅうかん 週間・週刊……67
しゅうし 終始・終止……68
しゅうしゅう 収集・収拾……69
しゅぎょう 修行・修業……70
じゅしょう 受賞・授賞……71
しょうかい 照会・紹介……72
しょうしつ 消失・焼失……73
しょうすう 小数・少数……74
しょよう 所用・所要……75
じんこう 人工・人口……76
しんろ 進路・針路……77
せいさん 精算・清算・成算……78
せいし 制止・静止……79
せいちょう 生長・成長……80
せいねん 青年・成年……81
ぜっこう 絶交・絶好……82
ぜんしん 全身・前身・前進……83
そうぞう 想像・創造……84
そなえる 供える・備える……85

た行

たいしょう 対象・対照・対称……86

類《るい》義語《ぎご》 さくいん

救助《きゅうじょ》—援助《えんじょ》……142
共感《きょうかん》—同感《どうかん》……162
興味《きょうみ》—関心《かんしん》……142
空想《くうそう》—想像《そうぞう》……159
苦心《くしん》—苦労《くろう》……143
区別《くべつ》—差別《さべつ》……143
苦労《くろう》—苦心《くしん》……143
経験《けいけん》—体験《たいけん》……144
形勢《けいせい》—情勢《じょうせい》……155
決意《けつい》—決心《けっしん》……145
結果《けっか》—結末《けつまつ》……144
決心《けっしん》—決意《けつい》……145
結末《けつまつ》—結果《けっか》……144
原因《げんいん》—理由《りゆう》……145
見学《けんがく》—見物《けんぶつ》……146
見物《けんぶつ》—見学《けんがく》……146
原料《げんりょう》—材料《ざいりょう》……146
公開《こうかい》—公表《こうひょう》……147
公表《こうひょう》—公開《こうかい》……147
公平《こうへい》—平等《びょうどう》……147
こつ—要領《ようりょう》……167
今後《こんご》—以後《いご》……148

さ行

最善《さいぜん》—最良《さいりょう》……149
才能《さいのう》—能力《のうりょく》……148
最良《さいりょう》—最善《さいぜん》……149
材料《ざいりょう》—原料《げんりょう》……146
差別《さべつ》—区別《くべつ》……143
賛成《さんせい》—同意《どうい》……149
志願《しがん》—志望《しぼう》……153
時間《じかん》—時刻《じこく》……150
時刻《じこく》—時間《じかん》……150
辞職《じしょく》—辞任《じにん》……152
自然《しぜん》—天然《てんねん》……150
事前《じぜん》—未然《みぜん》……151
失意《しつい》—失望《しつぼう》……151
質素《しっそ》—地味《じみ》……153
失望《しつぼう》—失意《しつい》……151
失礼《しつれい》—無礼《ぶれい》……152
辞任《じにん》—辞職《じしょく》……152
志望《しぼう》—志願《しがん》……153
地味《じみ》—質素《しっそ》……153
弱点《じゃくてん》—短所《たんしょ》……161
終生《しゅうせい》—一生《いっしょう》……136
重要《じゅうよう》—貴重《きちょう》……154
手段《しゅだん》—方法《ほうほう》……165
順序《じゅんじょ》—順番《じゅんばん》……154
順番《じゅんばん》—順序《じゅんじょ》……154
情勢《じょうせい》—形勢《けいせい》……155
消息《しょうそく》—音信《おんしん》……155
勝敗《しょうはい》—勝負《しょうぶ》……156
勝負《しょうぶ》—勝敗《しょうはい》……156
将来《しょうらい》—未来《みらい》……166
真実《しんじつ》—真相《しんそう》……156
真相《しんそう》—真実《しんじつ》……156
心配《しんぱい》—不安《ふあん》……157
進歩《しんぽ》—発展《はってん》……157
人望《じんぼう》—人気《にんき》……163
性格《せいかく》—性質《せいしつ》……158
性質《せいしつ》—性格《せいかく》……158
世間《せけん》—世《よ》の中《なか》……168
説明《せつめい》—解説《かいせつ》……158
専念《せんねん》—没頭《ぼっとう》……159
想像《そうぞう》—空想《くうそう》……159
相当《そうとう》—かなり……160

た行

体験《たいけん》—経験《けいけん》……144
大事《だいじ》—大切《たいせつ》……160
大切《たいせつ》—大事《だいじ》……160
対話《たいわ》—会話《かいわ》……139
短所《たんしょ》—弱点《じゃくてん》……161
重宝《ちょうほう》—便利《べんり》……164
著名《ちょめい》—有名《ゆうめい》……167
適切《てきせつ》—適当《てきとう》……161
的中《てきちゅう》—命中《めいちゅう》……166
適当《てきとう》—適切《てきせつ》……161
天気《てんき》—天候《てんこう》……162
天候《てんこう》—天気《てんき》……162
天然《てんねん》—自然《しぜん》……150
同意《どうい》—賛成《さんせい》……149
同感《どうかん》—共感《きょうかん》……162
特別《とくべつ》—例外《れいがい》……169

な行

納得《なっとく》—合点《がってん》……139
人気《にんき》—人望《じんぼう》……163
能力《のうりょく》—才能《さいのう》……148

は行

発展《はってん》―進歩《しんぽ》……157
批判《ひはん》―批評《ひひょう》……163
批評《ひひょう》―批判《ひはん》……163
平等《びょうどう》―公平《こうへい》……147
不安《ふあん》―心配《しんぱい》……157
無事《ぶじ》―安全《あんぜん》……135
無礼《ぶれい》―失礼《しつれい》……152
返事《へんじ》―応答《おうとう》……164
便利《べんり》―重宝《ちょうほう》……164
方角《ほうがく》―方向《ほうこう》……165
方向《ほうこう》―方角《ほうがく》……165
方法《ほうほう》―手段《しゅだん》……165
没頭《ぼっとう》―専念《せんねん》……159

ま行

未然《みぜん》―事前《じぜん》……151
未来《みらい》―将来《しょうらい》……166
命中《めいちゅう》―的中《てきちゅう》……166

や行

有名《ゆうめい》―著名《ちょめい》……167
容易《ようい》―簡単《かんたん》……140
要領《ようりょう》―こつ……167
世《よ》の中《なか》―世間《せけん》……168

ら行

理解《りかい》―了解《りょうかい》……168
理由《りゆう》―原因《げんいん》……145
利用《りよう》―活用《かつよう》……169
了解《りょうかい》―理解《りかい》……168
例外《れいがい》―特別《とくべつ》……169

反《はん》対語《たいご》（対義語《たいぎご》）さくいん

あ行

赤字《あかじ》⇔黒字《くろじ》……190
上《あ》がる⇔下《さ》がる……175
明《あか》るい⇔暗《くら》い……175
悪人《あくにん》⇔善人《ぜんにん》……207
暑《あつ》い⇔寒《さむ》い……176
熱《あつ》い⇔冷《つめ》たい……176
厚《あつ》い⇔薄《うす》い……177
安価《あんか》⇔高価《こうか》……194
安心《あんしん》⇔心配《しんぱい》……177
安全《あんぜん》⇔危険《きけん》……178
以下《いか》⇔以上《いじょう》……179
生《い》きる⇔死《し》ぬ……178
以後《いご》⇔以前《いぜん》……179
以上《いじょう》⇔以下《いか》……179
以前《いぜん》⇔以後《いご》……179
緯度《いど》⇔経度《けいど》……192
移動《いどう》⇔固定《こてい》……180
薄《うす》い⇔厚《あつ》い……177
運動《うんどう》⇔静止《せいし》……180
延長《えんちょう》⇔短縮《たんしゅく》……181
円満《えんまん》⇔不和《ふわ》……181
遠洋《えんよう》⇔近海《きんかい》……189
横断《おうだん》⇔縦断《じゅうだん》……182
温暖《おんだん》⇔寒冷《かんれい》……182

か行

開会《かいかい》⇔閉会《へいかい》……183
解散《かいさん》⇔集合《しゅうごう》……196
開始《かいし》⇔終了《しゅうりょう》……183
革新《かくしん》⇔保守《ほしゅ》……216
拡大《かくだい》⇔縮小《しゅくしょう》……184
可決《かけつ》⇔否決《ひけつ》……184
過去《かこ》⇔未来《みらい》……185
下降《かこう》⇔上昇《じょうしょう》……198
過失《かしつ》⇔故意《こい》……185
感情《かんじょう》⇔理性《りせい》……186
間接《かんせつ》⇔直接《ちょくせつ》……209
寒冷《かんれい》⇔温暖《おんだん》……182
危険《きけん》⇔安全《あんぜん》……178
起点《きてん》⇔終点《しゅうてん》……186
義務《ぎむ》⇔権利《けんり》……193
客観《きゃっかん》⇔主観《しゅかん》……187
供給《きょうきゅう》⇔需要《じゅよう》……187
共同《きょうどう》⇔単独《たんどく》……188
許可《きょか》⇔禁止《きんし》……188
近海《きんかい》⇔遠洋《えんよう》……189
禁止《きんし》⇔許可《きょか》……188
空腹《くうふく》⇔満腹《まんぷく》……189
具体《ぐたい》⇔抽象《ちゅうしょう》……190
暗《くら》い⇔明《あか》るい……175
黒字《くろじ》⇔赤字《あかじ》……190
軽視《けいし》⇔重視《じゅうし》……191
形式《けいしき》⇔内容《ないよう》……191

さ行

た行

特別《とくべつ》⇔普通《ふつう》……212
閉《と》じる⇔開《ひら》く……215

な行

内容《ないよう》⇔形式《けいしき》……191
苦手《にがて》⇔得意《とくい》……211
肉体《にくたい》⇔精神《せいしん》……203
入院《にゅういん》⇔退院《たいいん》……212
入学《にゅうがく》⇔卒業《そつぎょう》……213
入場《にゅうじょう》⇔退場《たいじょう》……213

は行

敗北《はいぼく》⇔勝利《しょうり》……199
反対《はんたい》⇔賛成《さんせい》……196
悲観《ひかん》⇔楽観《らっかん》……218
否決《ひけつ》⇔可決《かけつ》……184
必要《ひつよう》⇔不要《ふよう》……214
否定《ひてい》⇔肯定《こうてい》……214
開《ひら》く⇔閉《と》じる……215
不運《ふうん》⇔幸運《こううん》……193
増《ふ》える⇔減《へ》る……215
複雑《ふくざつ》⇔単純《たんじゅん》……208
不潔《ふけつ》⇔清潔《せいけつ》……202
普通《ふつう》⇔特別《とくべつ》……212
不評《ふひょう》⇔好評《こうひょう》……194
部分《ぶぶん》⇔全体《ぜんたい》……206
不便《ふべん》⇔便利《べんり》……216
不要《ふよう》⇔必要《ひつよう》……214
不和《ふわ》⇔円満《えんまん》……181
閉会《へいかい》⇔開会《かいかい》……183
平和《へいわ》⇔戦争《せんそう》……206
減《へ》る⇔増《ふ》える……215
便利《べんり》⇔不便《ふべん》……216
保守《ほしゅ》⇔革新《かくしん》……216

ま行

守《まも》る⇔攻《せ》める……217
満腹《まんぷく》⇔空腹《くうふく》……189
未来《みらい》⇔過去《かこ》……185
模倣《もほう》⇔独創《どくそう》……211

や行

輸出《ゆしゅつ》⇔輸入《ゆにゅう》……217
輸入《ゆにゅう》⇔輸出《ゆしゅつ》……217
容易《ようい》⇔困難《こんなん》……195

ら行

落選《らくせん》⇔当選《とうせん》……210
楽観《らっかん》⇔悲観《ひかん》……218
利益《りえき》⇔損失《そんしつ》……218
理性《りせい》⇔感情《かんじょう》……186
理想《りそう》⇔現実《げんじつ》……219
理論《りろん》⇔実践《じっせん》……219

読《よ》み方《かた》がちがうと意《い》味《み》が変《か》わることば さくいん

あ行

頭数（あたまかず）……224
一行（いちぎょう）……225
一時（いちじ）……224
市場（いちば）……224
一分（いちぶ）……226
一味（いちみ）……225
一目（いちもく）……239
一角（いっかく）……225
一行（いっこう）……225
一足（いっそく）……226
一時（いっとき）……224
一分（いっぷん）……226
一方（いっぽう）……226
色紙（いろがみ）……227
上手（うわて）……227
大事（おおごと）……236
大勢（おおぜい）……227
大手（おおて）……228
大手（おおで）……228
大家（おおや）……228

か行

風車（かざぐるま）……228
方々（かたがた）……239
月日（がっぴ）……229
仮名（かな）……229
上手（かみて）……227
仮名（かめい）……229
寒気（かんき）……232
気骨（きこつ）……229
生地（きじ）……235
気色（きしょく）……230
気骨（きぼね）……229
金星（きんせい）……230

さくいん

金星（きんぼし）……230
工夫（くふう）……230
気色（けしき）……230
見物（けんぶつ）……231
後生（こうせい）……231
工夫（こうふ）……230
後生（ごしょう）……231
小節（こぶし）……234
細々（こまごま）……231
根本（こんぽん）……232

さ行

細目（さいもく）……240
寒気（さむけ）……232
色紙（しきし）……227
市場（しじょう）……224
下手（したて）……232
十分（じっぷん）……233
地味（じみ）……233
下手（しもて）……232
十分（じゅうぶん）……233
出店（しゅってん）……233
上手（じょうず）……227
小節（しょうせつ）……234
初日（しょにち）……234
人事（じんじ）……234
身上（しんしょう）……235
身上（しんじょう）……235
深々（しんしん）……235
生地（せいち）……235
生物（せいぶつ）……236
造作（ぞうさ）……236
造作（ぞうさく）……236

た行

大家（たいか）……228
大事（だいじ）……236
大勢（たいせい）……227
地味（ちみ）……233
月日（つきひ）……229
出店（でみせ）……233
頭数（とうすう）……224

な行

名代（なだい）……240
何分（なにぶん）……237
生物（なまもの）……236
何人（なんにん）……237
何人（なんぴと）……237
何分（なんぷん）……237
人気（にんき）……237
人形（にんぎょう）……238
根本（ねもと）……232

は行

初日（はつひ）……234
半月（はんげつ）……238
半身（はんしん）……238
半月（はんつき）……238
半身（はんみ）……238
一足（ひとあし）……226
一味（ひとあじ）……225
一方（ひとかた）……226
人形（ひとがた）……238
一角（ひとかど）……225
人気（ひとけ）……237
人事（ひとごと）……234
一時（ひととき）……224
一目（ひとめ）……239
風車（ふうしゃ）……228
深々（ふかぶか）……235
分別（ふんべつ）……239
分別（ぶんべつ）……239
下手（へた）……232
方々（ほうぼう）……239
細々（ほそぼそ）……231
細目（ほそめ）……240

ま行

末期（まっき）……240
末期（まつご）……240
見物（みもの）……231
名代（みょうだい）……240
目下（めした）……241
目下（もっか）……241

ら行

利益（りえき）……241
利益（りやく）……241

おさらいテストの答《こた》え

■同音異義語《どうおんいぎご》・同訓異字《どうくんいじ》 おさらいテスト

(243ページ)

1

【1】①イ ②ア
【2】①ウ ②イ ③ア
【3】①ア ②イ
【4】①ウ ②ア ③イ

2

【1】ア 【2】ア 【3】イ
【4】イ 【5】ア

(244ページ)

3

【1】①ウ ②ア ③イ(ウ)
【2】①ウ ②ア ③イ
【3】①ア ②イ
【4】①ウ ②ア ③イ

4

【1】①直 ②治
【2】①差 ②指
【3】①折 ②織
【4】①写 ②映
【5】①解 ②説
【6】①破 ②敗

(245ページ)

5

【1】暖《あたた》かい(エ) 温《あたた》かい(オ)
【2】想像《そうぞう》(キ) 創造《そうぞう》(コ)
【3】好評《こうひょう》(ケ) 講評《こうひょう》(イ)
【4】共同《きょうどう》(カ) 協同《きょうどう》(ウ)
【5】立《た》つ(ク) 建《た》つ(ア)

6

【1】①意志 ②意思 ③遺志
【2】①感心 ②歓心 ③関心
【3】①最後 ②最期
【4】①保険 ②保健

■類義語《るいぎご》・読《よ》み方《かた》がちがうと意味《いみ》が変《か》わることば おさらいテスト

(246ページ)

1

【1】①○ ②× 【2】①× ②○
【3】①○ ②× 【4】①○ ②×
【5】①○ ②×

2

【1】ア 【2】イ 【3】ア
【4】ア 【5】ア 【6】イ
【7】イ 【8】ア

3

【1】いちば→カ しじょう→エ
【2】おおぜい→ウ たいせい→キ
【3】がっぴ→オ つきひ→ア
【4】けんぶつ→ク みもの→イ

■反対語《はんたいご》(対義語《たいぎご》)・読《よ》み方《かた》がちがうと意味《いみ》が変《か》わることば おさらいテスト

(247ページ)

1

【1】○ 【2】○
【3】×・固定 【4】×・損失
【5】○ 【6】×・縮小
【7】○ 【8】×・結果

2

【1】危険 【2】禁止
【3】敗北 【4】寒冷
【5】天然(自然) 【6】間接
【7】未来(現在) 【8】輸出
【9】終点 【10】単独

3

【1】①カ ②ウ
【2】①ア ②オ
【3】①イ ②エ

この本をつくった人

●監修
金田一秀穂

●装丁
長谷川由美

●表紙・カバーイラスト・扉4コマまんが
いぢちひろゆき

●レイアウト・デザイン
㈱イーメディア
徳本育民
福井裕子

●まんが制作
㈱イーメディア
あだちあきひこ
長谷部徹
早坂のり子

●まんが協力
笹村 萌
宝井沙織

●編集制作
㈱イーメディア

●編集協力
㈱奎文館
松尾美穂

●編集統括
学研辞典編集部

小学生のまんが言葉の使い分け辞典
[同音異義・異字同訓・類義語・反対語]　新装版

2007年4月25日　初版発行
2015年7月21日　新装版初刷発行
2024年10月18日　新装版第8刷発行

監　修　金田一秀穂
発行人　土屋　徹
編集人　代田　雪絵
発行所　株式会社Gakken
　〒141-8416 東京都品川区西五反田2-11-8
印刷所　TOPPANクロレ株式会社

●この本に関する各種お問い合わせ先
本の内容については、下記サイトのお問い合わせフォームよりお願いします。
https://www.corp-gakken.co.jp/contact/
在庫については　Tel 03-6431-1199（販売部）
不良品（落丁、乱丁）については　Tel 0570-000577
学研業務センター　〒354-0045 埼玉県入間郡三芳町上富279-1
上記以外のお問い合わせは　Tel 0570-056-710（学研グループ総合案内）